감각을 깨우다

-현장을 위한 책-

지은이 : Wolfgang M. Auer
그　림 : Thilo Pustlauk
옮긴이 : 윤선영

유아교육기관을 위한 놀이와 환경 구성 가능성

- 놀이 공간 지각
- 감각 촉진
- 배움에 대한 즐거움 발달

창지사

국립중앙도서관 출판시도서목록(CIP)

감각을 깨우다 : 현장을 위한 책 / 지은이: Wolfgang M. Auer ;
그림: Thilo Pustlauk ; 옮긴이: 윤선영. — 서울 : 창지사, 2013
p. ; cm

원표제: Praxisbuch Sinne wecken
독일어 원작을 한국어로 번역
ISBN 978-89-426-1105-8 93370 : ₩11000

교육 심리학[教育心理學]
유아 교육[幼兒教育]

370.18-KDC5
370.15-DDC21 CIP2013020449

머리말

요즈음 유아교육 현장에는 각 반마다 두세 명씩 우리에게 특별히 커다란 과제를 안겨주는 어린이들이 있다. 이런 어린이들에게 우리는 소위 문제행동을 보인다고 한다. 그런데 자세히 들여다보면 모든 어린이들이 이러한 문제들을 조금씩 안고 있다. 다만 교사의 눈에 띄지 않아서 다행으로 여길 뿐이다. 그런데 영유아기 어린이들이 가지고 있는 문제들은 거의 감각적 경험 및 손상과 관련이 있다. 현대 사회에서 자라나는 어린이들은 나중에 학교에 들어가 해 내야 할 학업 능력 성취도에 대한 성인의 기대와 조기 선행 학습, 현대 문명에 대한 과도한 맹신과 이른 도입, 양육 또는 교육 방법에 대한 오해와 무지로 인해 성인의 진정한 사랑의 손길이 부족하거나 물리적인 세상의 충분한 경험을 통한 자신에 대한 경험을 제대로 하지 못하고 있다. 게다가 새로 개발된 누리과정은 교육의 프로그램화를 더욱 강화하여, 놀이가 중심인 본래 유아교육의 의미에서 벗어나 어린이들로 하여금 계획된 과정을 기계적으로 학습하도록 함으로써 자유로운 감각적 경험의 가능성을 앗아가고 있다. 어린이들에게는 기본적으로 성인의 따뜻한 보살핌과 사랑이 전제되어야 하고 어린이들에게 다가가 그들이 지금 여기에서 필요로 하는 것을 적기에 제공해 주고자 하는 진정한 교육자가 필요하다. 그러나 이들은 좋은 마음만으로 이루어질 수 있는 것이 아니다. 거기에는 전문적인 지식과 적절한 환경 및 놀이 지원이 동반되어야 한다.

Wolfgang M. Auer는 어린이들에게 필요한 감각적 요소를 전문적으로 연구하고 우리에게 사례를 보여주며 좋은 마음을 실천할 수 있는 기회를 마련해 주었다. 나는 부모와 교사들이 『감각을 깨우다 – 현장을 위한 책』를 통해 그동안 우리가 간과했던 감각에 대한 인식을 새롭게 하고 어린이들에게 건강한 환경과 놀이에 대한 아이디어를 얻으며 실천하기 바라는 마음에서 번역을 시도했다. 다소

생소한 감각 용어가 나온다 하더라도 저자가 제시한 실험을 통해 이해가 용이할 것이라 생각된다. 특히 발도르프교육을 실천하고자 하는 영유아교사들에게 표준보육과정 및 누리과정을 충족하는 방법이 다양할 수 있다는 메시지도 이 책을 통해 전달하고자 한다. 발도르프교육을 창시한 루돌프 슈타이너의 감각론을 알고 있는 사람들에게도 좋은 참고 서적이 될 것이다. 왜냐하면 이 책의 내용이 슈타이너의 감각론에서 크게 벗어나지 않고 있으며 발도르프유아교육기관에서의 놀이와도 연관성이 있기 때문이다. 무엇보다 어린이들에게 필요한 것을 채워줄 수 있는 다양한 감각놀이에 대한 우리의 관심을 실천으로 옮기게 해 줄 수 있을 것이다.

아우어 선생님은 내가 연구년으로 방문했던 독일 알프터의 슈타이너의 인지학을 바탕으로 교육하고 있는 알라누스 대학교 외래교수이고 국제발도르프유아교사세미나에서도 강사로서 활동하며 감각교육에 큰 기여를 하고 있는 분이다. 이 책이 나오기까지 개인적인 관심으로 동반해 주신 저자 아우어 선생님께 감사드리며, 늘 여러 가지 어려움을 마다하지 않고 책 펴내기에 도움을 주시는 창지사 여러분들께도 감사의 마음을 드린다.

2013년 9월

옮긴이 윤선영

서언

우리는 아무런 생각 없이, 우리의 감각이 얼마나 다양한지, 각각의 감각에 대하여 얼마나 알고 있는지에 대하여 파악하지 않고도 자연스럽게 우리의 감각으로 쉽게 지각하고 있다.

우리의 앞에 있는 꽃을 보거나 어떤 소리를 들을 때 우리는 눈과 귀를 온전히 잊고 있다. 이것은 모든 감각에 있어서 마찬가지이다. 우리가 어떤 것을 지각할 때 감각기관은 항상 뒤로 물러나 있다. 감각기관은 그래야만 한다. 왜냐하면 그래야 우리가 보고 듣고 맛보는 것에 온전히 향할 수 있기 때문이다. 또한 우리가 지각하는 것이 당연하고 알아차리지 못하는 동안 이루어지고 있기 때문에 감각을 완전히 잊어버리게 되는 원인이기도 하다.

누군가 감각에 충분히 몰두한다면, 우리의 삶에 감각이 얼마나 결정적으로 중요한지 금방 알아차리게 될 것이다. 그리고 누군가 오랫동안 이 테마에 대하여 다루면서 지각을 연습하게 되면, 점차 관련성에 대한 안목을 얻게 된다. 그러면 잠시도 자기 자리에 가만히 있지 못하고, 입도 움직여야만 하는 촐랑거리는 아이에게 균형 경험 및 듣는 경험이 부족하다는 것과, 항상 거리감 없이 행동하는 또 다른 아이가 촉감의 부족과 어떻게 관련이 있는지에 대하여 갑자기 분명하게 알게 될 것이다. 요즘 많은 어린이들에게 이런 중요한 감각적 체험과 그와 관련한 경험이 부족하다. 이러한 어린이들을 돕기 위해서 우리 교육자들, 특히 첫 6년 시기의 어린이를 돌보는 교사들은 감각과 감각의 의미에 대하여 통달하고 있어야 한다. 여기 현장을 위한 책은 감각에 대한 첫 번째 관문만을 제공할 것이다. 감각에 대하여 좀 더 깊이 알고자 한다면 나의 책『감각-세계』(Sinnes-Welten)가 도움이 될 것이다. 감각 발달, 지각 연습, 즐겁게 배우기가 명시되어 있고 뮌헨의 쾨젤 출판사에서 2007년 출판되었다.

이 현장을 위한 책에서는 감각연구에 대한 지식을 어떻게 유아교육기관 현장에서 적용할 수 있는가에 대하여 다루고 있다. 우리는 유아교육기관에서 어린이들이 그들의 감각을 발달시키고 부족한 감각 경험을 채울 수 있도록 많은 것을 할 수 있다. 구체적으로 어떻게 이루어질 수 있는지에 대한 것으로는 이 책의 두 번째 부분에서 실제적이며 쉽게 적용할 수 있는 사례들을 풍부하게 제시했다.

Wolfgang-M. Auer

차례

감각을 깨우다_11

감각을 깨우다
현장을 위한 책
유아교육기관을 위한 놀이와 환경 구성 가능성
• 놀이 공간 지각
• 감각 촉진
• 배움에 대한 즐거움 발달

도입

감각은 세계로 향하는 단 하나의 통로다. 우리가 세상에 대하여 경험하는 모든 것은 감각을 통해서이다. 감각 없이 우리는 우리 주변의 자연도, 다른 사람도, 다른 사람의 표현도, 문화 창조도 알 수 없다. 우리는 그것들을 전혀 지각할 수 없다. 우리는 우리 자신의 신체조차도 알 수 없다. 학문도, 문화도, 교육학도 있을 수 없다. 왜냐하면 무엇인가 배우기 위해서는 본보기, 즉 눈앞에 한 예가 있어야 하고, 학습 단계와 그 영향을 지각할 수 있어야 한다. 그 이외는 불가능하다. 감각이란 어린이가 무엇인가 배우고 자신을 발달시키는 데 필요한 전제조건이다. 그래서 감각 촉진은 지난 몇 년간 점점 더 기초교육학의 핵심에 놓이게 되었다.

우리가 감각 발달을 촉진하고자 한다면, 한 가지 분명히 해 두어야 할 것이 있다 : 감각은 태어날 때부터 주어져 있다. 그러나 감각을 가지고 지각한다는 것은 오로지 감각이 학습되어야만 가능하다. 그것이 어떻게 학습될 수 있을까? 바로 감각에 무엇인가 지각할 수 있는 것이 주어졌을 때이다. 지각하기는 지각을 통해서만 배울 수 있다. 다시 말해 어린이들은 무엇인가 듣고 보고 냄새 맡고 만져보고 할 것이 필요하며, 그들의 운동감각, 균형감각이 확장되기 위해서는 지각이 필요하다. 우리가 얼마나 잘 듣고 보고 냄새 맡을 수 있는가는 그동안 이 감각에 어떤 지각이 있었는가에 달려 있다. 이는 모든 감각에 유효하다.

우리는 얼마나 많은 감각을 지녔는가? 아직도 다섯 가지의 감각을 지녔다고 하는 의견이 있는데, 보기, 듣기, 냄새 맡기, 맛보기, 만져보기가 그것이다. 이러한 의견은 2천 년이나 묵은 것이다. 오늘날에도 이 의견에만 매여 있는 사람은 감각기관으로 단지 눈, 귀, 코, 혀, 피부만을 보게 된다. 오감각에 대한 견해는 학문적으로 오래전에 개선되었다. 우리는 더 많은 감각을 지니고 있다. 여기 이 책에서는 열두 개의 감각을 다루고 있다. 우리는 이 감각이 없었다면 많은 것이 우리 삶에서 불가능하다는 것을 알게 될 것이다.

어린이들의 감각을 촉진하기 위해서는 우리 스스로에게서 이 감각을 발견해야 하며, 이들을 조금이나마 발달시켜야만 한다. 왜냐하면 우리가 어린이들의 감각을 어떻게 가장 바람직하게 촉진할 수 있는가에 대한 아이디어를 얻기 위해서는 예를 들어 청각, 촉각, 균형감각 등과 같은 감각에 대한 우티 자신의 경험이 필요하기 때문이다. 그래서 이 책의 첫 번째 부분인 다양한 감각에 대한 이해에서 각각의 감각 분야를 경험하고 스스로의 감각을 실행해 볼 수 있는 우리 스스로를 위한 관찰, 실험, 연습들을 제시했다. 제시한 연습들 중에는 많은 부분이 팀으로 시도해 볼 있도록 되어 있다. 경험한 사례에 의하면 재미도 있다고 한다. 감각이라는 주제를 가지고 2~3개월간 일정한 시간을 가지고 팀 모임을 미리 계획하여 주기적으로 실행한다면 매우 적절할 것이다. 여럿이 함께 몰두하게 되면 더 많은 힘을 얻게 되어 유아교육기관에 변화도 줄 수 있고 새로운 것을 시도해 볼 수 있게 해 준다.

두 번째 부분은 어떻게 어린이들의 감각을 촉진할 수 있는가에 대한 사례들이 담겨 있다. 이 장은 어린이들과 무엇을 할 수 있는지를 살펴볼 수 있는 카탈로그 정도로 이해하면 된다. 더 많은 사례가 있을 수 있으나, 여기에서는 단지 유아교육기관의 어린이들에게 어떤 방향의 촉진이 있을 수 있는지만을 보여줄 뿐이다. 그리고 어린이들과 함께 교육적으로 종사하고 있는 사람들에게 용기를 갖게 하고, 구체적인 상황에서 스스로 놀이와 실행을 발견하며 발달시킬 수 있도록 하는 데 기여하게 될 것이다. 이에 강조하고자 한다 : 우리는 이를 위해 교수방법적인 놀잇감을 대부분 필요로 하지 않으며, 특별히 그 어떤 것도 필요로 하지 않는다. 단순한 것들, 재료들, 일상적인 것들이면 충분하다. 우리는 적은 것으로 많은 것을 해낼 수 있다.

1. 감각에 대한 이해

자기지각	세계지각			
신체감각	파수꾼감각	의사소통감각		
1. 촉각	5. 미각	8. 청각	9. 시각	1. 촉각
2. 생명감각	6. 후각	10. 조형감각		
3. 운동감각	7. 온감각	11. 의미감각		
4. 균형감각		12. 스타일감각		

전체 감각들은 크게 두 개의 그룹으로 나뉜다. 하나의 그룹은 자기지각을 포괄하고 있다. 그것은 신체감각이다. 이 감각으로 우리는 우리의 신체를 지각하고 있다. 또 다른 하나의 그룹은 밖으로 향하고 있으며 세상으로부터 우리에게 다가오는 것을 지각하고 있는 세계지각이다. 세계감각은 다시 파수꾼감각과 의사소통감각으로 나뉜다. 파수꾼감각은 세계의 맛, 냄새, 따뜻함의 현상을 지각하며 동시에 우리 조직체의 생명조건들을 지켜주는 파수꾼들이다. 의사소통감각은 세상의 기타 현상들을 파악하는 감각으로서 그들의 특별한 의미는 인간적 상호작용에서 전개된다. 모든 감각들 중 촉각은 세상을 지각하게 할 뿐 아니라 우리 자신을 지각하게 하는 데 기여하는 감각으로서 특별한 위치를 차지한다. 그래서 촉각은 두 개의 그룹 지각에 다 포함된다.

촉각(1)

촉각(2)

생명감각

운동감각

균형감각

미각

후각

온감각

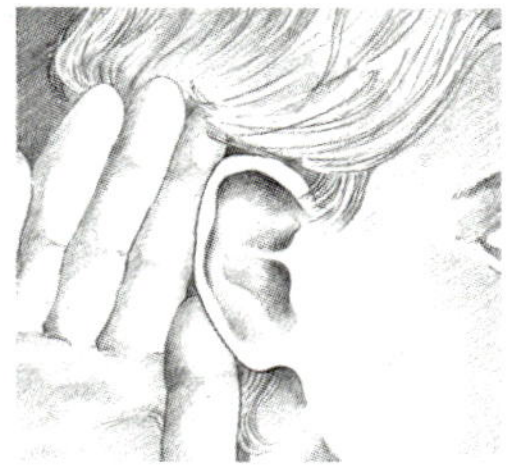
청각

시각

조형감각

의미감각

스타일감각

1.1 신체감각

1.1.1 촉각-감각 1

우리는 촉각을 기본적으로 믿고 있다. 우리는 매일 촉각의 경험을 하고 있기 때문이다. 그러나 촉각의 지각은 항상 의식적이지 않다.

한번 상상해 보라. 우리는 우리 집을 잘 알고 있기 때문에 깜깜한 밤에도 일어나서 화장실을 잘 찾아간다. 우리는 익숙한 곳을 문틀이라든가, 탁자 주변을 만지며 지나간다. 한 번은 원래 거기 없었어야 했던 의자에 부딪히기도 한다. 그러면 아프다! 다시 침대로 돌아갈 때에는 이곳을 감지하게 된다. 그렇다면 부딪힐 때 촉각으로 무엇을 지각하였는가? 두 가지로 설명될 수 있다 : 하나는 의자이고 또 하나는 정강이 부분이다. 의자에서는 딱딱한 재료와 모서리의 형태를 지각하고, 또 하나는 내 다리의 아픔, 특히 아픈 곳이 내 신체에 속한다는 것을 지각한다. 왜냐하면 내 신체는 접촉을 통해서만 느낄 수 있기 때문이다.

만일 우리가 여기에서 촉각을 신체감각으로 고찰한다면, 단지 우리 자신의 고유한 신체의 지각에 대한 것이다. 촉각이 의자나 다른 세상의 어떤 것을 지각하는 것에 대해서는 '의사소통감각' 단원에서 살펴볼 것이다.

접촉을 통하여 우리는 피부를 우리 신체의 표면으로서 경험하고, 동시에 우리의 신체 경계와 그 경계가 있는 곳을 알게 된다. 우리는 등에 대하여 다만 일반적인 느낌을 가지고 있다. 그러나 누군가 내 등에 손을 얹거나 쓰다듬는다면, 내 등에 대한 구체적인 지각을 하게 되고 접촉하는 부분마다 위치가 분명해진다.

우리는 서로 등에 그림을 그리거나 선을 그어보거나 심지어 등에 글을 써볼 수 있는데, 그러면 등에 대하여 더욱 선명한 느낌을 갖게 된다. 촉각만이 우리의 고유한 피부를 알게 한다는 것은 우리의 눈으로 볼 수 있는 곳에서도 마찬가지이다. 우리가 우리 손을 보면, 손의 표면이 어떻게 생겼는지 보고는 있지만, 그것으로 알 수 있는 것은 아니다. 오로지 촉각을 통해서만이 손의 표면을 알 수 있다. 우리는 손이 저린 상태에서 잠에서 깰 때의 상황에 대하여 잘 알고 있다. 저린 손을 만지면 마치 남의 손을 만지는 것과 같은데, 이는 접촉을 지각할 수 없기 때문이다.

신경학자 올리버 작스는 그의 책 『아내를 모자로 착각한 남자』[1)]에서 척수염에 걸려 촉각을 통한 자기지각을 잃어버린 여자에 대하여 묘사를 한 바 있다. 그녀는 행동하는 생활에서 벗어나 버렸으며, 다른 신체감각과 관계되어서도 아무것도 할 수가 없었다. 그녀는 앉아 있지도 못한 채 누워서만 지냈다. 의식적인 트레이닝을 통해 그녀가 예전에 행했던 움직임과 행위를 점차 다시 습득하는데 2년이라는 세월이 걸렸다. 그녀는 다시 가족에게 돌아와 예전의 직업도 다시 얻었다. 그럼에도 불구하고 몇 년 후까지 그녀가 자신의 신체를 가지고 있지 않다는 느낌이 아직도 잔재했다. 그녀는 스스로 끔찍한 느낌이라고 표현했다. 왜냐하면 그녀는 촉각이 결여되어 자신의 피부를 신체의 표면으로 지각할 수 없었고, 따라서 그녀의 신체도 지각할 수 없었기 때문이다. 그래서 그녀는 결여된 지각을 눈으로 보는 것으로써 대체하여야만 했고 끊임없이 눈으로 신체를 통제해야만 했다.

이제 분명해졌다 : 우리는 신체와 경계부분인 피부를 오로지 촉각을 통해서만 지각할 수 있다. 이러한 지각은 태어나기 전부터 시작된다. 피부는 촉각의 감각기관이다. 피부 속에는 표피 바로 밑에 네 가지의 다양한 감각수용자가 있는데, 이들은 섬세한 접촉, 압박, 피부의 형태화, 떨림과 같은 어떤 특정한 자극에 대하여 특성화되어 있다. 이들은 신체 전반에 밀집한 정도가 상이하게 분포되어 있다. 그래서 손가락 끝이나 입술과 같이 감각수용자가 밀집되어 분포하는 부분은 특히 예민하다. 출생 이후 아기는 자신의 신체를 점차 접촉을 통하여 알아가게 된다. 예를 들어 손을 입으로 탐색하면서, 나중에는 손이나 발을 잡으면서, 또는 주변에 손이 닿는 물건을 만지면서 알아간다. 무엇보다 아기는 어른의 다양한 접촉이 필요하다. 물론 기저귀 갈아주기, 옷, 우주복 등을 통한 접촉도 중요한 이유는 어린이가 이러한 방법으로만 자신의 신체를 어느 정도 경험할 수 있기 때문이며 또한 이를 통해 자신을 동일시할 수 있기 때문이다.

---

1) Sacks(2002) S. 69ff

신체에 대한 그림이 생긴다.

우리 생의 첫 번째 주, 달, 몇 년 동안은 우리 신체에 대한 그림을 접촉의 경험을 통해서 형성하게 된다. 그것은 입체적인 형태와 크기를 알 수 있는 신체의 지도 같은 것이다. 살아가면서 특히 성장기에 우리는 이 그림을 새로 고치고 또 새 그림에 적응해야 하는데, 이는 모두 부딪힘으로 인해 이루어진다. 이는 어린이가 일어서서 걸음마를 시작하게 되면 우선 책상이나 의자에 자주 부딪히는 것을 통해 잘 관찰할 수 있다. 부딪히지 않고 걸음마를 할 수 있기까지는 대부분 며칠만 지나면 된다. 만일 탁자나 의자를 바로 치워버린다면, 지각에 교정이 일어나지 않아 신체에 대한 그림을 형성하는데 아마도 더 오래 걸릴 것이다. 신체에 대한 그림은 여러 해 동안 접촉의 경험으로부터 습득되는 것이고, 끊임없이 실현함으로써 우리가 사물이나 사람들 사이의 비좁은 공간에서도 부딪히지 않고 움직일 수 있게 하는 가능성을 주게 된다.

정체성과 집에 대한 경험

신체에 대한 그림은 또 다른 중요한 경험들과 관련성이 있다. 접촉의 체험을 통해 우리는 우리 자신의 경계선을 경험하고 있다. 그래서 자신의 고유한 경계선에 대한 경험과 동시에 자신에 대한 정체성에 대하여 경험하게 된다. 내가 나의 경계선을 알고 있다면, 나의 집이 어디인지도 알게 되는 것이다. 오늘날에는 이러한 분야의 경험이 부족하여 자신의 경계가 어디인지, 집이 어디인지가 불분명한 어린이들이 점점 늘어가고 있다. 이러한 어린이들은 다른 친구들을 툭툭 치고 다니거나 부딪히고 때리고 하면서 자신의 경계선을 확인하려는 시도를 하곤 한다. 그래서 공격적인 어린이의 행동은 단지 자신을 경험하고 또 자신의 경계선을 경험하며 자신의 신체적 집을 확인하려는 시도일 뿐일 수 있다. 이런 어린이들에게는 자신의 경계선을 완전하게 할 수 있게 하는 접촉의 체험을 많이 하는 것이 중요하다.

안정감

자신의 경계선에 대한 경험은 또 다른 기본적인 느낌, 즉 안정감과 관련성이 있다. 이 관련성은 다음의 사례를 통해 확인할 수 있다.

우리가 우리에게 생소한 외진 곳에서 긴 여행을 하고 있다고 상상해 보라. 저녁 무렵에 깊은 산 속에 도착했는데, 그 곳에 한 오두막집이 있어 밤을 보낼 수 있게 되었다. 날이 어두워지자 오두막집에서 편안하게 쉬고자 한다. 그런데 만일 닫을 문이 없다는 것을 알게 된다면 어떤 느낌이 드는가? 우리는 불안함을 느끼게 될 것이다. 어떤 이는 두려움으로 온 밤을 뜬 눈으로 지새우기도 할 것이다.

누군가 자신의 경계선에 구멍이 생겨 피부에 안정감이 없다면, 그는 아마도 고요히 쉴 수가 없을 것이다. 그는 끊임없이 자신의 피부 위에 관심을 두게 되고 주위 환경에 대해 깨어서 경계를 해야만 할 것이다. 어린이들이 만일 이러한 상황에 놓여 있다면, 이 불안정한 상황이 항상 새로운 사건에 대해 신경을 쓰게 만들기 때문에 오랫동안 한 가지 일에 몰두하기가 어렵다는 것이 분명해질 것이다. 그래서 이러한 어린이들에게도 접촉의 체험이 많이 필요하다. 그러나 이런 아이들이 종종 부끄럼을 타거나 심지어 접촉에 대한 두려움을 가지고 있기 때문에 접촉의 체험이 그리 쉽지는 않을 것이다.

꼭 필요한 간격이 발달한다

또 있다. 우리가 무엇인가를 만지면, 두 가지 일이 일어난다. 한 편으로는 접촉된 것과 우리가 연결된다. 또 한 편으로는 접촉에 의해서 우리가 만지고 있는 것과 구분된다는 것을 의식하게 된다. 누군가 많은 접촉의 체험으로 자신에 대한 경계선을 잘 알고 있다면, 다른 것에 대한 경계선 또한 잘 알게 된다. 누군가 자신의 경계선이 약하게 형성된 사람이라면, 다른 것의 경계선이 어디에서 시작

되는지도 불확실할 것이다. 경계선 없이 어른들에게 행동하는 어린이들 대부분이 이런 상태에 놓여 있는 경우다. 우리는 이런 어린이들의 경계선 부재에 대하여 비난하지 말아야 하며, 촉감과 접촉의 체험을 통해 자신의 경계선을 수련하고 그럼으로써 다른 사람의 경계선을 더 잘 알 수 있도록 좀 더 많은 기회를 주어야 한다.

귀결

우리는 신체감각으로서의 촉각이 하는 경험이 얼마나 의미 있음을 위에서 살펴보았다. 그래서 유아교육기관에서는 촉감과 접촉을 경험할 수 있는 기회를 많이 제공하는 것이 중요하다. 이것은 모든 어린이들에게 필요하다. 불안해하고 두려워하는 어린이나 주의력이 부족한 어린이 또한 공격적이고 경계선이 없는 어린이의 경우 우리의 관심을 특히 촉감에 두고서 그들의 행동이 접촉과 어떤 관계가 있는지 행동 관찰을 통해 알아내야 한다. 그러면 우리는 정확한 관찰로부터 어떤 촉감의 경험이 어린이 개개인에게 도움이 될 수 있는지 알게 된다. 간혹 어린이 스스로 자기에게 필요한 것을 구하기도 하는데, 예를 들어 배로 엎드려 놀기를 좋아한다거나 모래로 자신을 덮기 좋아하는 등, 이를 통해 우리에게 암시를 준다. 어린이에게 어떤 것이 필요한지 우리가 믿을 만한 어떤 것을 찾았다면, 무척 조심스럽게 행해야 한다. 접촉의 체험은 그 누구도 강요해서는 안 된다. 왜냐하면 접촉 같이 사적인 것이 없기 때문이다. 접촉을 통해 사람은 물론 어린이라 할지라도 매우 가까워진다. 그래서 어떤 어린이들은 접촉에 대하여 두려움을 가지고 있다. 대부분은 몇몇의 어린이들을 위해 모두를 위한 놀이를 하면서 다리를 연결해 줄 수 있는데, 아마도 이야기를 하면서 그런 놀이를 끼워 넣을 수도 있을 것이다.

촉각의 핵심단어 :		
	지각 경험 :	신체적 존재, 자신의 신체 경계선, 자신의 형상과 범위
	어린이는 무엇을 배우는가 :	신체의 느낌, 정체성, 몸을 지니고 있다는 느낌, 신체 안에서 집의 편안함 느끼기, 내면적인 안정감, 주의력

1.1.2 생명감각-감각 2

누군가 우리에게 배고픈지, 아니면 피곤한지 등 잘 있는지에 대하여 묻는다면, 우리는 대답을 하기 위해 굳이 거울을 볼 필요가 없다. 우리는 그것을 알고 있다. 왜냐하면 우리는 피곤함이나 배고픔 또는 신체적 상태의 그 어떤 증후를 끊임없이 신체 안에서 지각하고 있기 때문이다. 우리는 흔히 배고픔의 느낌도 지각에 기인해야만 하며, 이를 위해 생명감각이라는 고유한 감각이 있다는 것을 간과하고 있다. 그러나 우리는 생명감각이 지각하는 것은 잘 알고 있다.

한 친구가 자전거를 타고 온다고 상상해 보라. 날씨는 화창하고 태양이 빛난다. 친구의 청으로 자전거 산책을 가기로 한다. 길이 평탄하여 쉬웠는데 나중에 올라가는 길이 나왔다. 돌아오는 길에도 우리 앞에 오르막길이 놓여 있다. 우리는 힘이 든다는 것을 우리 다리에서 그리고 호흡에서 느낄 수 있다. 그리고는 포기한다. 더 이상 갈 수가 없다. 우리는 일단 좀 쉬어야 한다. 그리고 자전거를 밀어서 마지막 고갯길을 넘는다. 위에서 내려올 때는 처음 출발할 때 같지는 않지만 재빨리 집으로 돌아올 수 있다. 집에 돌아오면 배고픔과 갈증을 느끼게 되어 얼마 동안 앉아서 쉰다. 우리에게 생명감각이 없다면 돌아오는 길이 조금 더 걸렸다는 것 외에는 이 모든 상태에 대하여 아무런 이야기를 할 수 없다. 그럼에도 불구하고 우리는 왜 그런지를 알지 못했을 것이다. 우리는 아마도 자전거에서 내리지도 않았을 것이고 자전거 타기에 지쳐 아마도 넘어졌을지도 모른다. 그리고 왜 넘어졌는지조차도 알 수 없었을 것이다. 바로 생명감각이 있기 때문에 우리는 힘이 떨어졌다는 것을 알 수 있고, 언제 우리의 신체가 힘을 다했는지, 그리고 휴식을 취해야만 하는지를 지각할 수 있게 되는 것이다. 휴식을 한 후에는 어떻게 힘이 천천히 다시 생기는지를 우리는 지각한다. 이런 것을 배고픔에서도 느낀다. 아침에 무엇인가를 먹고 난 후에 우리는 오전 시간 동안 서서히 배고픔에 대한 지각이 생기게 된다. 처음에는 배고픔에 대하여 매우 조금 지각한다. 그래도 아무 것도 먹지 않는다면 배고픔은 더욱 강해진다. 무엇인가 먹는다면 얼마 후 배고픔이 조금만 느껴지다가 언제 없어졌는지를 정확히 지각할 수 있다. 갈증이나 피곤함에 있어서도 역시 마찬가지이다.

생명감각의 가변성

정확한 관찰에 의하면, 생명감각의 지각은 항상 가변적 상태에 놓인다는 것을 알 수 있다. 이 가변성에는 균형 상태를 이루는 중앙지점, 너무 많거나 너무 적은 이탈 상태인 두 개의 방향성을 지닌다. 우리의 지각이 중앙 지점에 놓여 있을 때에는 평안함을 지각한다. 그런데 우리가 계속 무엇인가 먹는다면 언젠가는 더 이상 먹을 수 없게 되며 그땐 우리 능력의 한계에 도달하게 된다. 그에 반하여 우리가 먹지 않고 계속 굶고 있다면 언젠가 우리가 견딜 수 없을 정도의 한계에 도달하게 된다. 우리가 이러한 경험을 했다면 우리는 먹는 것이나 굶는 것과 관련하여 각각의 가능한 정도의 한계를 알게 될 것이다. 그것은 힘을 지각하는 것에도 역시 마찬가지다. 우리가 무거운 가방을 메고 힘겨운 등산을 네 시간 동안 해냈다면, 그것이 가능하다는 것을 알게 되고, 또한 다음에도 그것이 가능하다는 것을 믿을 수 있게 된다.

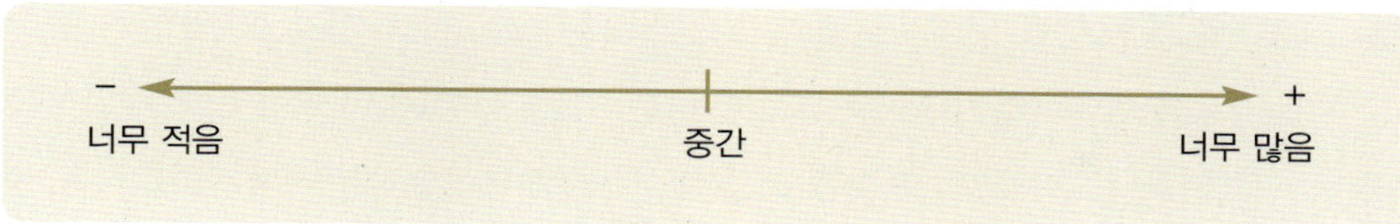

생명감각의 가변성

중앙을 향하게 한다

어린이들은 생명감각을 지각하는 것에 대하여 서서히 배우고 이해하게 된다. 그런데 생명감각 가변성의 중간 부분에서 그 배움이 시작되는 것이 중요하다. 왜냐하면 이 중간 부분을 알지 못한다면, 가변성의 다른 지점에 대한 지각을 올바르게 갈음하기가 어렵기 때문이다. 그러면 우리가 평안함의 균형적 상태인 가운데 지점에서 얼마나 멀리 떨어져 있는지를 알 수 없게 된다. 우리는 또한 어느 방향으로 치우쳐져 있는지도 잘 알 수 없다. 가운데 중간 지점만이 우리가 이탈된 방향을 알 수 있게 한다. 중간 지점은 우리에게 방향과 척도를 제공한다.

그렇다면 어린이들이 어떻게 중간 지점을 알 수 있게 되는가? 지각이 중간 지점을 왔다 갔다 하며 움직이는 동안에 알게 된다. 예를 들어 젖먹이의 경우 아기가 잠에서 깨어나 처음에는 수유 간격이나 우유 먹을 시간 간격에 대하여 배고픔을 신호로 알릴 때 일어난다. 몇 달이 지나는 동안 간격은 점점 늘어나고 어떤 특정한 규칙에 따라 반복적으로 움직이게 된다. 우리가 지닌 조직들 안에서의 모든 생명과정은 규칙적이고 리듬적으로 일어난다. 어린이를 양육할 때 이것을 고려하는 일은 매우 중요하다. 왜냐하면 생명감각의 가변성은 항상 시간적 차원을 가지고 있기 때문이다. 식사의 시간적 간격과 규칙성 두 가지를 주의함으로써 중간 지점은 각인된다. 불쾌감을 표시할 때마다 모유나 젖병을 받는 아기는, 중간 지점을 벗어난 양쪽의 이탈 지점을 경험해 보지 못하기 때문에 건강하게 생명감각의 가변성을 알게 되지 못한다. 이후에도 이 아기에게 칭얼댈 때마다 무엇인가 입에 넣어지게 된다면 치명적인 결과를 초래하게 된다. 왜냐하면 그런 경우 나중의 삶에서도 언제, 무엇인가가 필요한지 그리고 언제, 무엇인가 충분히 취했는지를 알 수 없기 때문이다. 우리는 어떤 질병은 식사행동에 기인하고 있다는 것을 잘 알고 있다. 이것을 사전에 막기 위해서는 어린이들에게 먹을 것을 끊임없이 주거나 스스로 끊임없이 먹게 하지 않고 연령에 적절하게 부족함을 어느 정도 견딜 수 있게 하는 것이 매우 중요하다. 우리는 유아교육기관에서의 식사 시간 간격이 아직은 너무 커서는 안 된다는 것을 잘 알고 있기 때문에 오전에 간식을 제공하고 있다. 오전 간식도 시간적으로 특정한 시간을 두고 제공하나 어린이들이 원하는 대로 맡겨두지 말아야 한다는 것을 종종 잊어버리기도 한다.

어린이들이 중간 지점을 왔다 갔다 하는 것을 꼭 경험해야 하는 또 한 분야가 있다. 우리는 오랫동안 하나의 같은 행위를 지속적으로 행할 때 피곤해지기 쉽다. 어떤 일정한 간격을 두고 다른 일을 짧게 끼워 넣는다면, 피곤해지지 않고 오랫동안 지속할 수 있게 된다. 어린이들은 그냥 내버려 두면 스스로 이것을 행한다. 오랫동안 한 곳에서 놀이에 몰두하다가 일어나서 뛰거나 여기 저기 돌아다니다가 다른 것을 가져 와서 아까와 같은 곳에서 또는 다른 곳에서 놀이를 다시 심화하곤 한다. 우리는 유아교육기관에서 우리가 할 수 있는 한 하루 일과를 집중하는 시간과 느슨한 시간, 고요한 시간과 움직이는 시간, 지도하는 시간과 자유롭게 놓아두는 시간 등이 교대로 이루어지도록 하되, 고요하며 지도하거나 힘든 시간은 너무 길지 않게 구성하도록 하는 데 주의해야 한다.

나는 할 수 있다는 경험

어린이가 점점 크면, 힘든 일 또는 부족함에도 오래 견딜 수 있는 법을 배워야 한다. 언제부터 우리가 어린이들에게 이것을 요구할 수 있는가는 어린이들이 스스로 우리에게 알려주는데, 예를 들어 놀이가 너무 재미있어서 또는 그림책이 너무 재미있어서 피곤함도, 배고픔도 제쳐놓고 또는 화장실이 급한데도 불구하고 미루고 있거나 밖에서 지칠 때까지 놀고 있을 때가 있다. 일이 년 전에만 해도 전혀 있을 수 없는 일이었다. 이제 어린이는 신체적 욕구를 영혼의 욕구를 위해 유보할 수 있게 되었다. 이것은 누구나 배워야만 한다. 이러한 배움은 만 4세 정도에 시작한다. 누군가 이것을 배우지 않는다면 신체에 남아 신체의 욕구에 얽매여 살게 된다. 우리가 신체의 욕구로부터 자유로워지려면 단계별로 조금씩 부족함과 힘든 일을 견디는 법을 배워야 한다. 우리가 이것을 시도해 볼 수 있다면, 우리 스스로를 알게 되며 우리가 해낼 수 있는 것도 알게 된다.

우리는 유아교육기관에서 어린이들에게 가능한 많은 기회를 주어야 한다. 어떤 기회인가 하면, 무엇보다도 어린이들이 스스로 할 수 있는 기회가 필요하다. 또한 어린이들이 무거운 것을 들거나 밀기도 할 수 있어야 하며, 가구를 옮기거나 다른 일상생활의 일과를 도울 수 있게 해 주어야 한다. 식사 시간이 될 때까지 기다릴 줄도 알아야 하고, 오랫동안 걷는 나들이도 견딜 수 있어야 한다. 우리 모두는 우리가 어떤 일을 견뎠거나 해냈을 때 얼마나 자랑스러웠는지 잘 알고 있다. 어린이들에게도 다르지 않다. 그들은 단지 생의 시작에 있을 뿐이고 이런 경험들을 통해 스스로를 알게 되며, 그들의 능력과 가능성을 처음 알게 되는 것이다. 이런 **나는 할 수 있다는 경험**은 자신감과 자존감을 형성해 준다. 거기에는 하나의 매우 중요한 전제조건이 있다 : 과제는 어린이가 그 연령대에 적절히 해낼 수 있는 것이어야 한다. 우리가 어린이의 능력에 따라 과제를 요구하는 것은 어린이에게 무엇인가 좋은 일을 하는 것이다. 시중들기는 반대의 효과가 있다. 누군가 어린이들에게 시중을 들어주는 것은 좋은 것이다라고 여기겠지만, 어린이들이 그들의 가능성을 적절히 펼칠 수 없게 하기 때문에 오히려 그들에게 해롭다.

생명감각의 핵심단어 :		
	지각 경험 :	배고픔, 갈증, 지침, 피곤함 그리고 이들의 반대 상태, 부담의 한계, 성취의 한계
	어린이는 무엇을 배우는가 :	자신의 신체에 대한 건강한 관계, 절제, 성취능력, 자신감, 자긍심

1.1.3 운동감각-감각 3

움직임도 우리는 신체 안에서 지각하고 있으며, 이를 확인하기 위해 눈으로 볼 필요가 없다. 우리는 이것을 쉽게 검증할 수 있다.

눈을 감고 한 손을 들고 검지 손가락을 한 번은 왼쪽으로, 한 번은 오른쪽으로 움직여 보라. 우리는 이를 지각한다. 우리는 손가락이 얼마나 왼쪽 또는 오른쪽으로 기울었는지 그리고 언제 가운데로 다시 오는지 지각할 수 있다. 우리는 또한 눈을 감고 손으로 원을 허공에 그릴 수 있으며, 그 원이 어떻게 그려졌는지, 시작점에 다시 도착했는지도 알게 된다. 우리는 다른 사람에게 부탁하여 이것을 확인하도록 할 수도 있다. 다른 형태를 가지고도 실험해 볼 수 있다. 잘될 수 있는지는 연습에 달려 있다. 실제로 그것이 어떻게 되었는지를 우리는 어떠한 경우라도 지각할 수 있다. 그래서 우리는 어두운 가운데에서도 흘리지 않고 차 한잔을 입으로 가져다 마시고 다시 제자리에 놓을 수 있다. 이것은 우리가 운동감각을 가지고 있기 때문에 가능한데, 운동감각은 아주 섬세한 데까지 동작을 알려주어 우리가 매 순간마다 움직임을 알 수 있도록 해 주고 있다.

움직임뿐만 아니라 우리는 각 사지의 위치와 신체의 자세도 은동감각으로 지각한다. 그래서 우리는 언제든지 어떻게 서 있는지 또는 앉아 있는지 알 수 있다. 이를 위한 생물학적인 근거는 근육, 인대, 관절에 있는 움직임의 수용자에 의한 것이다.

동작능력의 발달

우리는 처음부터 움직임을 할 수 있지만, 이를 바탕으로 또한 움직임을 습득해야만 한다. 어떻게 이것이 이루어질 수 있는가? 생의 초기에는 우선 움직임을 조절하는 반사행동을 한다. 우리는 반사행동 없이는 생존할 수 없는데, 예를 들어 아랫입술을 건드렸을 때 빠는 행동을 유발하는 빨기 반사행동이 없다면 살 수 없다. 반사행동은 의미 있고, 목표가 있는 움직임으로서 아주 특정한 기능이 주어진다. 기타의 모든 동작은 우선 비통제적이며 비협응적이다. 손을 입으로 가져갔다면 처음에는 순수하게 우연히 일어난 것이다. 어떤 특정한 것을 만지거나 건드리는 것은 아직 전혀 할 수 없다. 의도적인 움직임은 우선 힘겨운 과정을 통해 배워져야만 한다. 이것이 어떻게 가능한가? 아기는 젖먹이로서 많은 움직임을 하게 되는데, 우연히 무엇인가 입에 닿는 움직임을 지각하고 반복하기를 시도하기 때문에 가능한 것이다. 그렇게 하나씩 의도적인 움직임은 배워진다. 그런데 여기에는 하나의 분명한 순서가 있다. 머리로부터 상반신, 팔과 손, 다리 그리고 발의 순서로 이루어진다. 첫 일 년이 지나면, 일어나 서서 걷기를 습득한다. 이러한 발달은 기타 모든 동작능력과 마찬가지로 아기가 움직임을 지각하고, 이를 통해 조절하고 교정하며 심화할 수 있기 때문에 가능한 것이다. 동작능력이 계속 발달한다는 것은, 곧 운동감각 또한 계속 발달하고 있다는 의미다.

본보기의 필요성

그런데 아기에게는 동작 발달이 잘 이루어질 수 있게 하기 위한 특정한 조건이 필요하다. 제일 중요한 것은 : 주변에서 움직이고 직립보행하는 성인을 어린이가 지각해야만 한다. 아기에게는 움직이는 본보기가 필요하다. 인간에 의한 본보기가 없이는 어떤 인간도 직립보행을 배울 수 없다. 직립보행이 본래 인간 종족이 지닌 능력이라는 것을 견주어 볼 때 이러한 사실은 놀라울만하다. 그러나 여기에서 본보기가 결정적인 역할을 한다. 늑대에게서 자란 어린이에 대한 이야기가 이를 잘 보여준다. 늑대아이는 늑대들이 했던 것이 본보기가 되어 네 개의 사지로 매우 순발력 있게 걸을 수 있었다. 즉, 움직임의 본보기는 큰 영향을 미친다. 그렇다고 본보기가 되는 사람이 어린이가 배울 수 있도록 모든 행동과 움직임을 어린이 앞에서 보여주어야 한다는 뜻은 아니다. 그러나 중요한 움직임은 해야 하고 또 무엇보다 풍부한 움직임이 필요하다. 어린이가 따라 하기를 위해서만이 아니라, 이를 통해 스스로 시도해 보고 놀이하며 실험하기 위한 충분한 자극이 되기 때문에 이것이 필요한 것이다. 이는 아기 때뿐만 아니라 6~7년 정도까지 해당한다. 본보기를 통한 자극과 함께 또한 어린이들에게 필요한 조건은 움직임을 고무하는 자유로운 공간과 주변 환경이다. 그저 앉을 수만 있는 의자는 어린이들에게 전혀 고무적인 환경이 아니다. 대부분 그런 환경에서는 움직임이 곧 멈추어 버린다. 어린이가 의자에 올라가도 되고 이리저리 끌고 다니며 의자로 무엇인가 만들 수 있을 때 동작능력은 촉진된다. 바깥 환경과 구성 또한 중요한 영향을 미친다. 바로 이러한 이유에서 바깥놀이 환경의 공간 배치와 조성을 새롭게 여기고 검증해 보아야 할 것이다. 또한 유아교육기관에 고무적이고 가치 있는 움직임의 본보기가 있어야 함은 자명하다.

움직임과 인지능력

움직임과 인지능력은 움직임과 언어관계에서처럼 밀접한 관련성을 지니고 있다. 알려진 바와 같이 언어 발달은 손짓과 몸짓 사용에 의해 촉진되고 장려될 수 있다. 인지능력과 관련된 최근 뇌연구에 의하면, 뇌는 똑똑해지기 위해 움직이는 신체가 필요하다고 한다. 늘 움직임을 하고 있는 신체적 경험은 지능의 자극체이다. 여기에 대해서는 의미감각에서 더 상세히 다루게 될 것이다.

움직임의 종류

움직임에는 서로 매우 다른 과제와 특성을 지닌 네 가지의 종류가 있다. 첫 번째는 걷고 뛰고 돌고 팔을 움직이고 재주넘기 등의 움직임을 하는 동안 어린이가 스스로 발달시키는 움직임이다. 이는 가동성이다. 개별적으르 이것이 얼마나 크거나 미미한지는 얼마나 움직였는가에 달려 있다. 그러나 가동성에 의해 습득한 모든 움직임은 공을 잡거나 음악에 맞추어 춤을 추거나 줄넘기를 하거나 진동운동을 하는 데에는 충분치 않다. 공을 잡기 위해서 우리는 공의 움직임에 우리를 맞추어 내면적으로 함께 할 수 있어야 한다. 그렇지 않으면 공에 놀라고 만다. 춤을 출 때에 우리는 음악과 리듬에 우리의 움직임을 맞추어야 하고 줄넘기를 할 때에는 줄을 통해 줄의 움직임에 있는 리듬에 맞추어야 한다. 이는 우리 스스로의 움직임을 다른 낯선 움직임 안으로 들어가게 해서 함께 움직일 수 있는 법을 배웠을 때 비로소 가능하다.

이것은 팀을 짜서 긴 줄로 줄넘기 놀이를 경험하면서 연습해야만 한다. 어린이들이 차례로 줄 안에서 뛰기를 할 때 줄을 서서 자기 차례가 되면 우선 줄 움직임의 리듬을 먼저 타고 있음을 잘 볼 수 있다. 이런 어린이의 경우 줄에 걸리지 않고 대부분 잘해낼 수 있다. 자신의 움직임을 다른 낯선 움직임 안에 맞추는 이런 능력은 배워져야만 하는 것이다.

어른을 위한 좋은 연습이 있는데, 여럿이 원을 만들고 서서 같은 리듬에 맞추어 차례로 발구르기를 하는 것이다. 한 사람이 왼발, 오른발 구르기를 시작하면, 이어서 옆에 있는 사람이 왼발, 오른발 구르기를 하고, 그 다음 사람이 다시 계속 여러 번 이어간다. 이 연습은 손뼉치기를 가지고 할 수도 있는데 보다 더 복잡한 리듬을 가지고도 할 수 있다.

여기에는 가동성과는 다른 것이 요구되고 있다. 이는 매우 중요한 능력이라 할 수 있는데, 왜냐하면 나중에 팀워크 능력과 같이 학교에 가서 또는 직장에서 꼭 필요한 능력의 기초가 되기 때문이다. 이 분야의 능력을 덜 발달시킨 어린이는 스스로를 공동체의 과정에 들어가게 하는 것이 어렵기 때문에 공동체 놀이에 대하여 종종 두려움을 보인다. 또는 다른 사람들에게 방해가 되기 때문에 소외되기도 한다. 이런 어린이의 경우 이 능력은 반드시 작은 것부터 연습으로 길러져야 한다.

세 번째 움직임의 종류는 민첩성이다. 여기에는 전혀 다른 것이 요구된다. 민첩성은 우선 재료, 사물, 도구 또는 기구를 다루는 것에서부터 생긴다. 여기에서 우리는 우리의 움직임을 재료나 도구에 온전히 적응해야 한다.

우리가 드라이버를 가지고 나사못을 박으려 한다면, 우리는 이들을 우선 손에 올바르게 잡고 바르게 돌려야만 한다. 돌려서 따는 뚜껑이 달린 병을 열 때도 마찬가지이다. 여기에는 섬세한 운동능력이 필요하다.

병뚜껑을 돌려서 열거나 닫는 것이 어린이들에게 얼마나 오래 걸리는지 우리는 잘 관찰할 수 있다. 우리가 병을 열고 닫거나 도구를 능숙하게 잘 다룰 수 있는 것은 도구나 병이 요구하는 대로 쥠과 움직임을 할 수 있도록 배웠기 때문이다. 우리가 악기를 연주하기 원한다면, 이때도 역시 악기에 적합한 움직임을 배워야만 한다. 능숙함에 있어서 우리가 배우는 것은, 이미 존재하고 있어서 우리가 영향을 미칠 수 없는 것과의 관계에 적응하고 순응할 수 있는 능력이다. 어린이들은 칼이나 가위 등과 같은 도구를 다룸에 있어서 매 실제 행위를 하면서 하나씩 배워갈 수 있다.

우리는 또한 움직임을 통해 표현할 수 있다. 이것은 바로 다른 네 번째 움직임의 종류가 된다. 움직임으로 자신을 표현한다? 다른 가능한 방법은 없을까? 없다. 움직임이 없는 표현이란 있을 수 없다. 말하기도 움직임이며 표정과 몸짓도 움직임이다. 몸짓, 연극, 그림 그리기, 스케치, 글씨 쓰기, 음악과 춤 등 항상 이러한 표현은 움직임을 통해 일어난다. 거의 움직이지 못하거나 전혀 움직일 수 없어서 자신을 표현할 수 없는 사람은 자신의 신체를 감옥과 같이 느낀다고 한다. 자신이 표현하고자 하는 것을 언어로 표현하기 어려운 어린이에게서도 이와 유사한 것을 관찰할 수 있다. 이런 어린이들은 무능력함이 속박하는 것에서부터 뛰쳐나오기를 원하기 때문에 쉽게 인내심을 잃고 소리를 지르며 공격적이다. 그러다 다른 사람이 이해하도록 표현하는 것을 배우게 되면, 자유로움을 느끼고 공격성은 사라진다. 자신을 표현하는 능력은 다른 움직임의 종류에서와 마찬가지로 배워서 습득해야만 한다. 이를 위해 어린이에게는 언어를 습득할 때처럼 본보기가 필요하다. 유아교육기관에서 교사가 여러 가지 다양한 표현 형태를 실현하며 어린이들과 함께 말로만 표현하는 것이 아니라 노래, 연주, 그림 그리기, 춤추기 등을 하는 것은 중요하다. 그러면 어린이들도 말하기 뿐만 아니라 다른 표현 형태와 구성 분야를 습득할 수 있게 된다. 이것은 우리가 여러 다양한 삶의 상황에서 다양한 가능성을 자유롭게 지닐 수 있을 때, 진정 우리가 자유롭고 자립적으로 느낄 수 있기에 중요하다. 다양한 표현방법은 학교에서도 역시 마찬가지로 필요하다.

만일 오늘날 어린이들에게 다양한 움직임의 형태를 유아교육기관 외에서 배울 수 있는 기회가 얼마나 많을까를 질문해 본다면, 우리는 이렇게 말해야 한다 : 대부분의 경우 이런 기회는 그리 많지 않고 어린이들은 너무 적게 움직이고 있으며 자주 자동차에 실려 다니고 있고 오랫동안 모니터나 기계 앞에 앉아 있다. 이러한 배경에서 유아교육기관이 바로 이 움직임과 관련된 분야에 특별한 과제를 지니고 있다는 것이 자명해졌다. 교사들은 이를 받아들여야만 한다. 그래서 어떤 사람들은 체육유아교육기관이나 또는 숲유아교육기관을 어린이들을 위해 운영하고 있다. 유아교육기관을 통째로 바꾸지 않고도 어린이들의 움직임을 위해 할 수 있는 일은 많다.

운동감각의 핵심단어 :		
	지각 경험 :	움직임, 자세, 움직임의 가능성
	어린이는 무엇을 배우는가 :	가동성, 동작의 협응, 움직임의 리듬 속에 자신을 들여보낼 수 있기, 팀워크 능력, 민첩성, 적응능력, 자신을 표현하기, 자립성, 자신감

1.1.4 균형감각-감각 4

1989년 8월 26일 파리의 에펠탑 100주년 기념 축제 때 매우 특별한 볼거리가 있었다. 2주 전쯤부터 이미 샬롯 궁전 위와 에펠탑의 2층에 줄을 연결해 놓았다. 줄은 공중에 달랑 있을 뿐 그 어떤 지지대도 없었고, 단지 규칙적인 간격으로 바람에 줄이 흔들리지 않도록 땅과 팽팽하게 고정시킨 가는 줄밖에 없었다. 17시 팡파레 소리에 맞추어 줄타기 예술가 필립 페팃이 줄 위에 발을 올려놓았을 때, 이천여 명이 넘는 사람들이 모여 있었다. 그는 36Kg의 균형잡기 막대를 들고 있었다. 그는 그 어떤 안전 지지대 없이 줄 위를 걷기 시작했다. 사람들은 숨을 죽여 가며 그의 발걸음을 지켜보았고 탄성을 질렀다. 왜냐하면 그가 조용히 한걸음씩 앞으로 걸을 뿐 아니라 몸을 낮추어 앉기도 하고 마치 줄이 당연한 세상인 것처럼 줄 위에 눕기도 했기 때문이다. 50분 후 그가 에펠탑의 100미터 높이에 도달했을 때, 700미터나 되는 거리의 줄타기가 끝났다. 어떻게 그런 것이 가능한가? 그것은 그가 우리 모두와 마찬가지로 균형감각을 가지고 있기 때문에 가능했다. 그리고 그는 오랫동안 100미터 높이의 흔들리는 줄 위의 모든 상황까지 균형을 유지할 수 있도록 긴밀한 연습을 했기 때문이다.

우리 모두도 조금은 줄타기를 할 수 있다. 왜냐하면 우리의 돋을 바르게 하기 위해 매순간 균형을 잡아야 하기 때문이다. 우리는 정상적인 상태에서 잘해낼 수 있기 때문에 보통은 그것을 알아차리지 못한다.

눈을 감고 한 발로 서 있어 보자. 그러면 우리는 몸이 쓰러지지 않도록 발이 얼마나 대단한 노력을 해야 하는지 금방 알게 된다. 어떤 사람은 쓰러지지 않기 위해 얼른 다른 발을 땅에 디딘다. 우리가 두 발로 땅에 서 있으면, 쓰러질 위험은 별로 크기 않다. 그래도 우리는 끊임없이 우리 몸의 균형을 잡아 바르게 서야 한다. 그렇지 않으면 몸은 주저앉고 달 것이다. 우리가 잠이 들거나 의식을 잃게 되면 그렇게 된다.

한번 더 관찰해 보자. 한 발로 서 보자. 이제 갑자기 두 팔을 벌려 보면, 우리는 우리의 근육이 우리가 쓰러지지 않기 위해 더 섬세한 균형의 움직임을 어떻게 하고 있는지, 그 이전과는 다르게 긴장하고 있다는 것을 관찰할 수 있다. 왜냐하면 물론 우리가 양쪽으로 벌린 팔로 균형 상황에 변화를 주었기 때문이다. 우리는 이러한 변화에 반응하는 것을 몇 년 동안 배웠기 때문에 균형을 잡을 수 있는 것이다.

모든 움직임은 우리의 균형 상황에 변화를 일으킨다. 우리는 이 변화를 균형감각에 의해 지각하고 보통은 무의식적으로 다른 움직임을 하거나 자세의 변화로 또는 단지 변화된 근육의 긴장에만 반응하고 있다.

균형감각기관

균형감각으로 우리는 무엇을 지각하고 있는가?

우리가 한번 더 눈을 감고, (발은 가만히 있는 상태에서) 앞으로 약간 전체의 몸을 향하게 하고 그리고서 왼쪽, 오른쪽, 뒤로 향하게 해 보자. 우리의 몸이 한쪽으로 오랫동안 향하고 있다 할지라도 우리는 몸이 어디로 움직이고 싶어 하는지를 지각할 수 있다. 우리는 또한 언제 다시 똑바로 서게 되는지를 알 수도 있다. 이제 어느 한 방향으로 몇 발자국 걸어본다면, 공간의 방향 역시 정확하게 지각할 수 있다. 우리가 자동차 안에 앉아 있어도 차가 어느 방향으로 가고 있는지 알 수 있다. 그리고 자동차가 점점 빨리 달리는지, 점점 천천히 가고 있는지도 알 수 있다.

이러한 지각을 가능하게 해 주는 기관은 머리의 양쪽 내이(內耳)와 아주 밀접한 곳에 자리 잡고 있다. 이것이 우리에게 중요하게 시사하는 바가 있기 때문에 여기에서 짧게나마 균형감각기관에 대하여 언급하고자 한다. 이 기관은 두 개의 부분으로 이루어져 있다. 하나는 소위 전정기관(vestibulaere Organ)인데, 세 개의 활 모양 반고리관이 있어서 그 중 첫 번째와 두 번째는 서로 수직으로 배열되어 있고 세 번째는 거기에 수평으로 배열되어 있다. 이 관은 내림프액으로 차 있고 모두 하나의 주머니로 흘러 들어간다. 흘러 들어가는 곳에 이들은 밸브처럼 진동판으로 막혀있다. 액체가 이 진동판을 압박하면 변형되거나 밀쳐 내지는데, 이는 진동판에 붙어 있는 민감한 솜털에 의해 뇌로 전달된다. 우리가 만일 한쪽 방향으로 몸을 향하게 하거나 움직이면 액체는 하나 또는 여러 개의 관에 남아 있으며 상응하는 진동판을 압박하게 된다. 이를 통해 우리는 어느 방향의 공간으로 움직이고 있는지를 알게 되는 것이다.

균형감각에 있어서 또 하나의 부분은 평형기관(statische Organ)으로, 이는 두 개의 작은 주머니로 이루어져 있는데, 이들도 서로 직각을 이룬다. 이 둘은 서로 똑같이 만들어져 있다. 이들의 바닥에는 민감한 솜털로 이루어진 카펫이 깔려 있다. 이들은 젤라틴 방석의 밑으로부터 돌출되어 방석의 모든 섬세한 위치 변화를 전달하고 있다. 이 방석 위에는 수천 개의 작은 돌들이 붙어 있어서 방석에 무게를 주고 영향을 줌으로써 방석으로 하여금 아주 조그만한 움직임에도 반응을 보이게 한다. 예를 들어 마치 접시 위에 놓여 있는 젤라틴 푸딩처럼 반응을 보인다. 만일 우리가 접시를 약간 옆으로 기울이면 푸딩은 금방 변형된다. 이 부분이 바로 균형감각기관이다. 이것은 중력의 영향에 반응을 보이며 중력에 영향받는 모든 방향을 알려준다. 그래서 우리는 항상 어디가 위고 아래인지 알 수 있으며 바르게 서 있을 수도 있다.

균형 지각 발달

다른 모든 감각과 마찬가지로 균형감각도 역시 충분한 지각을 통해서만이 발달할 수 있다. 그리고 이것은 오로지 움직임을 통해서만이 지각된다. 따라서 임산부는 임신 중에 가능한 많은 움직임을 하는 것이 매우 중요하며, 아기가 태어난 후에는 혼자 움직여서 이동할 수 있을 때까지 많이 안아주고 흔들어주고 하는 것이 좋다. 아기가 스스로 움직여서 돌아눕거나 머리를 들거나 일어서거나 할 수 있게 되면, 아기는 자신의 움직임과 균형 지각과의 관계를 점차 알게 된다. 아기가 혼자 일어서서 걸음마를 하게 되면 더 많은 것을 배우게 된다. 아기는 걸음을 뗄 때마다 균형이 위험해진다는 것을 알 뿐만 아니라 다른 발걸음으로 안전하게 하거나 균형을 잡을 수 있는지를 알게 된다. 아기는 한걸음이 안전해지면, 다음 걸음을 내딛게 된다. 아기는 몸을 올려 방석 위로 올라가거나 의자 위로 기어 올라가고 또 어디든 기어 올라가려고 한다. 언젠가는 모든 방해물이나 난간, 나무까지도 아기는 올라가려고 할 것이다. 균형감각적으로 볼 때 이는 매우 좋고 올바른 것이며 꼭 필요한 것이라고까지 말할 수 있다. 걸음마를 단순히 여기저기 걸어보는 것으로만 배운다고 믿는 것은 잘못된 생각이다. 이것으로는 충분하지 않다. 그래서 어떤 아기들은 걸음마를 제대로 배우지 못하기도 한다. 걸음마는 마룻바닥이나 타일바닥 같이 편편한 곳에서만 자유롭고 안전하게 배우는 것이 아니다. 오로지 편편한 바닥에서만 자란 사람이 (울퉁불퉁한) 들판을 가로질러가게 되면 잘 넘어진다. 그리고 어린이들이 너무 많은 시간을 등받이 의자에 기대 앉아 생활한다면, 능동적인 직립을 약화시키기 때문에 균형감각 발달에는 좋지 않다. 균형감각을 고려하지 않더라도 등의 근육 발달도 약화시킨다. 어린이들은 나무 같은 곳에 기어 올라가면서 어떤 자세에서도 자기 몸을 똑바로 세울 수 있도록 해야 한다. 중요한 것은 균형감각을 위해 우리는 용기를 내야 한다. 왜냐하면 균형의 안정감은 오로지 위험한 경험을 통해 생겨나기 때문이다.

자신감과 확신

균형에 있어서 안정된 사람은 어느 상황에서도 잘 대처할 수 있게 된다. 왜냐하면 균형감각의 도움으로 우리는 우리의 움직임을 어떤 외적 조건에서든지 간에 똑바로 머물 수 있도록 조절할 수 있기 때문이다. 우리가 습득해야 하는 것은 당면한 상황이나 주어진 조건에 나 자신을 들여놓고 조절할 수 있게 하는 능력이다. 이것을 할 수 있는 사람은 자신감과 확신을 갖게 된다. 이 균형감각에 있어서 불안감을 느끼는 어린이들은 새로운 상황을 벗어나려고 하거나 먼저 모든 것을 정확히 살펴본 후에 자신을 그 상황에 들여놓기 원한다. 그러나 이것이 늘 가능한 것은 아니다. 그래서 종종 새로운 것이나 낯선 것에서 벗어나려고 한다.

고요함의 극점 학습하기

균형감각은 또 하나를 해내게 한다. 이를 위해 하나의 작은 실험을 해 보도록 하자.

> 우리가 책을 읽고 있다고 하자. 책을 책상에 놓고 보던가 아니면 손에 잡고 보면서 머리를 조금씩 가볍게 흔들어 보자. 그래도 책을 읽을 수 있을까? 한번 해 보자. 네, 우리는 책을 읽을 수 있다. 이제 역할을 바꾸어 보자. 책을 손에 잡고 머리는 조용히 있으면서 책을 아까 머리를 흔들었던 정도로 가볍게 흔들어 보자. 우리는 이제 읽기가 불가능하거나 최소한 어렵다는 것을 알 수 있게 된다. 어떻게 이런 일이 일어날까? 첫 번째 경우에서는 나의 균형감각이 왜 내 앞의 그림이 움직이고 있는지를 지각하고 있지만, 두 번째 경우에서는 그렇지 못하다. 균형감각이 지각할 때만이 움직이는 그림을 붙잡을 수 있다.

> 다른 예를 들어보자 : 우리가 자연에서 조깅을 하거나 산책을 하고 있다면 우리의 머리는 걸음을 옮길 때마다 위·아래로 움직인다. 그렇다고 우리 앞의 경치가 위·아래로 움직이지는 않는다. 경치는 고요히 그대로 있다. 이 경우에서도 우리는 우리의 시야에서 위·아래로 움직이는 것을 붙잡을 수 있다.

이것은 매우 특별하고 중요한 균형감각의 능력이다. 왜냐하면 움직이는 현상에 대하여 우리 내부에 고요함의 극점을 만들어내어 우리가 공간적으로 균형을 보존할 뿐만 아니라, 이에 대한 모든 지각을 할 수 있도록 해 주기 때문이다. 이 고요함의 극점 덕분에 우리는 내 안에 머물 수도 있고 다른 것에 몰두할 수도 있는 것이다. 그러니까 고요함의 극점은 주의력의 중요한 기초가 된다. 어린이들에게 이것이 없거나 또는 너무 적게 길러졌다면, 그들이 지각하는 모든 움직임이나 대화에 이끌리어 다음 순간에도 여전히 그 곳에 머물게 된다. 그러면 본래 해야 할 일에 대한 몰두는 단절된다. 균형감각에 의해 지지되어지는 고요함의 극점이 없는 주의력이란 없다. 그리고 또한 이 고요함의 극점은 우리의 고유한 움직임을 위한 중심점이 되기도 한다. 일반적으로 이 지각이 잘 길러지면, 움직임은 잘 집중되고 잘 이루어진다. 이것이 약하게 발달되었을 경우의 움직임은 산만하다. 고요함의 극점이 잘못 길러진 어린이들의 경우 걸을 때 자신의 고유한 속도를 잘못 가늠하게 되어 자주 다른 것에 부딪히기 쉬울 수 있다.

우리는 유아교육기관에서 균형감각에 가장 좋은 발달의 기회를 제공해야 한다. 이를 위해 최소한 다음의 조건들이 갖추어져야 한다. 어린이들은 유아교육기관의 내·외에서 충분히 움직일 수 있어야 한다. 어린이들은 적게 앉아 있어야 한다. 어린이들에게는 균형잡기 놀이를 할 수 있는 기구나 기어 올라갈 수 있는 것이 필요하다. 언덕과 협곡 그리고 다양한 바닥이 있는 바깥놀이터가 필요하다.

균형감각의 핵심단어 :		
	지각 경험 :	공간에서의 움직임의 방향, 공간에서의 자신의 신체 자세와 태도
	어린이는 무엇을 배우는가 :	모든 상황에서 몸을 똑바로 하기, 모든 상황을 잘 견뎌내기, 확신, 조용히 있기, 내면적인 균형, 주의, 모험에 대한 각오

1.1.5 기초로서의 자기지각

우리가 집을 짓는다고 상상해 보자. 건축가는 우리가 원하는 대로 설계도를 완성했다. 설계도에 맞추어 집을 만들 수공업자들이 있는 회사도 찾았다. 이제 집짓기를 시작해도 된다. 우리가 만일 총 책임자로서 집짓기가 언제까지 모두 마치게 되는지를 분명히 할 수 있다면 좋을 것이다. 그렇지 않으면 우리는 인내심을 쉽게 잃어버릴 수 있다. 그러나 집을 짓는다는 것은 시간이 필요하다. 기초 공사만으로도 시간이 필요하다. 기초 공사에 꼭 필요한 시간을 채우지 못한 사람은 아마 나중에 큰 후회를 하게 될 것이다. 왜냐하면 기초 공사가 너무 빨리 이루어진 상태에서 집을 계속 짓는다면, 집은 제대로 서 있지 못할 것이기 때문이다. 집은 금이 갈 것이고 최악의 경우 무너질 것이다. 집이 이미 지어진 후에는 기초 공사를 고칠 수 없다. 이 모든 것을 행하는 이는 바로 집을 짓는 사람이 하는 일이라는 것은 자명한 일이다.

교육에 있어서도 기초 공사가 있다. 이 기초 공사를 신체 느낌이라 한다. 이 신체 느낌은 무엇으로 이루어지는가? 그것은 앞의 내용에서 다루었던 네 개의 신체감각 경험으로 이루어진다. 이 경험을 다시 의식화해 보자. 촉각은 우리에게 우리 자신 전체를 알게 해 주고 우리와 세계를 구분하며 우리 자신을 고유한 존재로서 이해할 수 있는 가능성을 준다. 이는 우리의 정체성과 독자성의 기초가 된다. 동시에 촉각은 세상과의 첫 번째 경험을 전달해 주는데, 무엇보다도 사람과의 경험을 하게 해 주며, 이는 나중에 사회적 능력에도 영향을 미친다. 생명감각을 통해서 우리는 우리의 신체와 신체가 지닌 가능성을 알게 된다. 우리는 우리의 신체가 무엇을 할 수 있는 상태인지를 알게 되고 얼마나 할 수 있는지 적절한 정도도 찾아낼 수 있다. 그것은 우리가 능력을 발휘하게 해 주고 자신감을 갖도록 해 준다. 운동감각은 우리가 세상에서 행위하는 인간으로 그리고 세상을 만들어가는 존재로 살게 한다. 운동감각은 우리에게 여러 가지 다양한 움직임의 방법을 열게 해주는데, 이는 다시 공감, 팀워크 능력, 적응능력, 창의력, 민첩함과 같은 능력들을 위한 전제조건이 된다. 이들은 우리의 자립성에 가장 중요한 기초다. 우리는 균형감각이 전달해 주는 경험을 통해 모든 상황에서 안전하게 지낼 수 있다. 조화, 안정성, 주의, 모든 상황에 적절히 대처하는 능력, 이들은 모두 이 감각 분야의 본질적인 결과로서 획득되는 것이다.

이러한 결과들을 잘 고찰해 보면, 다음이 명백해진다 : 이들은 모두 나중에 삶과 직업에 필요한 역량과 인격의 특징이 된다. 이들은 생의 초기에 형성된다. 물론 이들은 이후의 삶에서도 상응하는 경험을 통해 계속 발달되어야만 한다. 그러나 그것은 단지 생후 초기에 이를 위한 기초가 잘 형성되었을 때만 가능하다.

어린이에게 지적, 사회적, 인격적 발달에 기초가 될 수 있는 지각운동적 능력 (sensomotorische Faehigkeit)을 전수하기 위해서는 7~8년 동안 스스로에 의한 움직임과 놀이가 꼭 필요하다.[2] 이것은 기초가 충분히 형성되지 못한 어린이들을 돕기 위해 지각 통합 치료를 개발한 미국의 한 저명한 치료사인 Jean Ayres가 쓴 글이다. 이제는 이런 기초가 흔들리게 되면 읽기, 쓰기, 셈하기가 불안정하게 된다는 사실이 잘 알려졌다. 어린이들이 기초를 잘 짓게 하기 위해 유아교육기관에서의 시간을 이용해 보자. 튼튼한 기초는 어린이들에게 저항력을 길러준다.

1.2 파수꾼감각

1.2.1 미각-감각 5

이제 미각을 가지고 세상으로부터 무엇인가 지각할 수 있는 것처럼 그러한 감각들에 대하여 다루기 시작할 것이다. 미각으로 지각하는 것이란, 무엇인가에 대한 맛이다. 도대체 어떻게 맛을 볼 수 있는 것인가? 우리는 아마도 귀한 재료와 고급스런 양념으로 만든 아주 맛있는 음식을 생각할 것이다. 아니면 잘 익은 사과를 떠올릴 수 있을 것이다. 그러나 우리가 이미 체험했던 바와 같은 다음의 경우는 무엇인가?

2) Ayres (1992) S. 35

우리가 식사에 초대를 받았다. 그런데 초대받은 그날 심하게 감기에 걸려 못 간다고 말하고자 한다. 그런데 초대한 사람을 실망시키지 않기 위해서 그리고 그 사람이 정말 요리를 잘한다는 것을 알고 있었기 때문에 우리는 몸을 추스르고 간다. 그런데 이렇게 실망스러울 수가! 맛이 하나도 없다. 무슨 일이 일어난 것인가? 이 경우 우리는 바로 맛만 보았을 뿐 음식의 맛과 함께 하는 냄새는 지각하지 못했다.

"음식이 맛이 있다."라는 말의 사용은 정확하지 않다. 왜냐하면 우리가 음식에서 지각하는 것은 맛과 냄새 둘 다이다. 그리고 음식을 맛있게 느끼게 하는 것은 무엇보다 냄새이다. 우리는 단지 네 가지의 다양한 맛의 속성, 즉 달고, 시고, 짜고, 쓴 맛을 볼 뿐이다. 우리가 식사를 하면서 코를 막거나 아니면 감기로 인해 코가 막혔다면, 우리는 전혀 냄새를 맡을 수 없고 맛만 남는다. 그러면 우리는 단지 음식이 얼마나 짠지 아니면 신지, 단지 아니면 쓴지를 지각할 뿐이다.

맛의 속성

네 가지 맛의 속성은 혀 위에서 지각된다. 각각의 맛의 속성은 혀 위에 분포되어 있는 각각의 수용체가 특별한 곳에서 각각의 맛을 느끼게 해 준다. 단맛은 혀의 끝에서 지각된다. 그것을 우리는 잘 안다. 그렇지 않으면 단 음식을 다른 방법으로 빨아 먹을 것이다. 그리고 신맛은 어디에서 지각될까? 신 것을 먹으면 혀가 마치 양쪽으로 쪼그라드는 것 같은 느낌을 가진다는 것을 우리는 알고 있다. 그곳에 대부분 신맛을 위한 수용체가 모여 있다. 짠맛의 수용체는 가장 많이 분포되어 있어서 혀의 전체에서 거의 비슷하게 짠맛을 느끼게 된다. 우리는 쓴맛을 혀의 가장 뒤쪽 끝에서 지각하고 있다. 우리는 끝맛을 통해 쓴맛을 알고 있는데, 다른 여러 것들이 그렇듯이 예를 들어 그레이프푸르트는 처음엔 그냥 달고 시기만 하다가 삼키기 바로 전에 쓴맛을 느끼게 한다. 이런 미각의 국지화는 맛의 속성들이 액체에 미세하게 섞여 있더라도 우리가 맛의 속성들을 구분할 수 있게 해 준다.

액체의 지각

우리가 맛을 보고 싶어 하는 것이 있다면 그것은 액체여야만 한다. 고체는 맛을 볼 수가 없다. 우리가 소금을 혀 위에 뿌려보자. 그러면 우리가 짠맛을 느낄 때까지 약간의 시간이 흐른다. 소금의 알갱이들은 우선 혀 위에서 침에 녹아야만 우리가 짠 맛을 느낄 수 있는 것이다. 어떤 특정한 화학적인 연결이 일어나는 물질이 있기 때문에 무엇인가가 짜거나 신 것이다. 다시 말해 우리가 맛을 본다는 것은 이러한 화학적 연결을 지각하는 것이다. 이는 매우 중요한 의미를 지닌다. 왜냐하면 우리가 입에 넣는 모든 음식과 음료수는 이런 또는 저런 화학적 연결들을 포함한다. 그리고 그것을 우리는 맛을 통해 신호화한다. 그러면 어떤 맛에는 삼키는 것을 거부할 수도 있게 된다. 미각은 우리가 입에 넣고 삼키고 소화기관으로 넘어가게 하는 것을 지키는 파수꾼이다. 미각은 입에 넣은 것이 견딜만 한 것인지 지키고 있다. 물론 미각이 이 파수꾼 역할을 수행하는 것은 단지 그것이 잘 길러졌을 때만이 가능하다. 이를 위해 무엇이 필요한가? 어린이들이 과일, 채소, 빵이나 다른 음식물에서처럼 자연스럽게 들어 있고 섞여 있는 것을 통해 네 가지 맛의 질을 체험했었다는 것이 필요하다. 이를 통해 어린이들은 음식물의 특별한 맛의 혼합에 익숙하게 되는 것이다. 그것이 우리가 나중에 여러 가지 다양한 음식물을 알아차리고 판단할 수 있게 하는 근거가 된다. 모든 음식을 달게 하고 인위적으로 한 가지의 맛을 강화시키면, 맛에 대한 방향성을 잃어버리게 한다. 그러면 맛의 분야를 세분화할 수 있는 능력이 길러지지 않는다. 그리고 맛을 보더라도 그저 음식물이라는 것밖에는 아무것도 말해 주는 것이 없게 된다. 그리고 한 가지의 맛에 얽매이고 그 결과 잘못된 영양섭취, 편협한 식사습관, 과체중 등이 생기게 된다.

미각을 발달시키기 위해 유아교육기관에서 할 수 있는 것은 제한되어 있다. 우리가 식사를 직접 조리하면서 어린이들에게 영향을 미치도록 하는 것만이 어린이들의 미각을 길러주기 위한 무엇인가를 할 수 있는 일이다.

미각의 핵심단어 :		
	지각 경험 :	액체의 달고, 시고, 짜고, 쓴맛의 화학적 속성
	어린이는 무엇을 배우는가 :	음식과 음료수의 견딜 수 있는 정도를 판단

1.2.2 후각-감각 6

무엇인가 냄새를 맡으려면 냄새를 우리의 코로 들이마셔야 한다. 이를 위해 냄새는 공기에 퍼져 있어야 하며, 즉 기체의 형태여야 한다. 그래서 우리가 코를 막거나 코가 감기로 인해 막혀 있어서 냄새를 전혀 맡지 못하는 것이다. 그런데 우리가 조금 또는 전혀 냄새를 맡지 못하게 하는 조건이 있는데, 그것은 차가울 때이다. 우리는 이를 냉장고에서 바로 꺼낸 음식으로부터 잘 알고 있다. 음식이 차가운 동안에는 냄새가 잘 나지 않는다. 데워야만 음식의 향기는 퍼지기 시작한다. 정원에 있는 꽃의 경우도 비슷하다. 태양이 비추어주어야만 꽃은 향기가 나기 시작한다. 이는 이해가 간다. 왜냐하면 우리가 음식이나 꽃의 냄새를 맡는 것은 우선 음식물이나 꽃잎이 증발해서 기체 형태가 되어야만 한다. 이를 위해 온기가 필요하다.

향기

냄새에서 우리는 무엇을 체험하고 있는가?

우리가 어떤 방에 들어가니 거기에는 바나나 냄새가 난다. 주위를 둘러보니 탁자 위에는 그릇에 담긴 바나나가 있다. 또는 커피 냄새를 맡았는데, 조금 후에 커피가 방으로 들려왔다. 또는 우리가 산책을 하고 있는데 갑자기 장미 향기를 지각한다. 나무 울타리 너머 정원에 핀 장미꽃들을 본다. 이는 냄새가 공기 중에 있다는 것이고 바나나라든지, 커피나 장미꽃이라든지 어떤 구체적인 것으로부터 생겨난다는 의미이다. 그렇기 때문에 우리는 냄새를 바로 어떤 사물이나 물질과 연결하게 된다.

냄새의 지각은 오늘날의 과학으로도 아직 모두 밝히지 못했을 정도로 복잡한 과정이다. 그러나 누구나 향기란 단지 하나의 향기로 이루진 것이 아니라 많은 향기 성분으로 이루어진 것임을 알고 있다. 커피향만 해도 수백 가지의 향기 성분으로 이루어졌다고 한다. 그래서 다른 것의 냄새와 일부 유사하기도 하다. 또한 커피에는 종류에 따라 향이 다양하다. 사과나 장미도 마찬가지다. 각각의 사과와 장미의 종류는 우리가 그 종류를 구분할 수 있게 하는 매우 특별한 향기 성분을 지니고 있다. 놀라운 것은 우리가 어떻게 그것을 빨리 배우는가이며, 더 놀라운 것은 우리가 그 향을 잘 기억할 수도 있다는 것이다. 그런데 그 향을 묘사하거나 어떤 단어로 표현한다는 것은 거의 불가능하다. 색깔의 경우 분명한 이름을 가지고 있으나 냄새의 경우는 그렇지 않다.

생명의 과정 인식하기

이제 전혀 다른 것을 생각해 보자. 냄새는 살아있는 것에서 나오며 시간의 흐름에 따라 변화도 생긴다. 꽃이 시들면 향기는 변한다. 사과는 썩기 시작하면 냄새도 변한다. 빵에 곰팡이가 생기면 곰팡이 냄새가 난다. 숲에서 나무가 썩고 있어도 냄새가 난다. 우리는 냄새에서 사물과 물질을 알아차릴 뿐 아니라 다양한 생물의 과정, 즉 썩음, 부패, 곰팡이 핌, 발효 등도 알아차린다. 냄새는 우리에게 큰 노력을 기울이지 않고도 섬세하게 우리 주변과 음식물의 물질에 대하여 그리고 그 상태에 대하여 정보를 준다. 그것은 동시에 항상 우리가 호흡하는 공기에 대한 정보이기도 하다. 이러한 점에서 후각도 하나의 파수꾼 기능을 한다. 대부분은 특히 구역질나는 냄새를 맡을 때만 그렇다. 후각이 우리에게 끊임없이 정보를 주고 방향을 알려주며 그로 인해서 안전하게 해 주기 때문에 일상생활에서 어떤 중요한 역할을 하는지 우리는 대부분 잊어버린다. 그저 늘 있는 당연한 일로 여긴다. 그러나 후각을 갑자기 잃어버린 사람에게는 고통스럽게 의식화된다. 출산 후 1년 반 동안 후각을 잃어버렸던 한 여자는 먹는 음식마다 무슨 맛인지 모르겠고 물건을 살 때도, 요리를 할 때에도 자신을 강요해야단 했다고 기술한 바 있다. 그리고 그 여자가 가족을 위해 요리를 할 때면 어떻게 해야 할지 방향성을 잃어버리곤 했다고 한다. 재료에 양념은 제대로 넣었는지, 다른 사람에게 맛을 보게 할까? 음식이 아직 먹을만한지, 아니면 상했을까? 그 여자는 전혀 알 수가 없었다. 다시 냄새 맡는 능력이 생겼을 때 얼마나 다행스러웠는지 모른다고 한다.

후각 학습

후각 학습은 다른 감각에서와 마찬가지로 지각을 통해서 이루어진다. 중요한 것은 어린이들이 다양한 냄새와 친숙해지는 것이다. 그러나 병마다 다른 냄새가 담겨 있다 할지라도 향수병이나 후각병을 인위적으로 만들어서 친숙하게 하는 것이 아니라 진짜 자연 속 사물에 있는 향기를 통해 친숙해져야 한다. 그래야만 나중에도 어린이들에게 그 향기가 기억에 남게 된다. 어린이들에게는 충분히 다양한 스펙트럼의 경험이 필요하다. 어린이들은 제비꽃에서, 장미에서, 스톡 꽃에서 등 수많은 꽃을 통해 그리고 시들은 꽃을 통해서도, 과일이나 채소, 풀, 비 온 후 젖은 흙에서도 냄새를 맡을 수 있어야 한다. 우유가 쉬었거나 주스가 상했거나 어떤 것이 곰팡이가 피었거나 부패했어도 냄새를 맡아보고 다른 감각으로도 어떤 변화가 일어났는지를 경험해 볼 수 있어야 한다. 이들 중 많은 것을 유아교육기관에서 해볼 수 있는데, 무엇보다 정원을 가지고 있으면 좋다. 그러나 정원이 없다 해도 가능하다. 어린이들이 규칙적으로 산책을 다니면서 이러한 경험을 해볼 수 있다.

어린이들에게 냄새에 친숙하게 해 주고 싶다면 이거 하나는 아는 게 중요하다 : 냄새는 쉽게 느낌과 감정적인 반응을 불러일으킨다. 그러나 냄새와 느낌의 관계는 정해져 있지 않으며, 본래 존재하지 않는다. 예를 들어 소똥의 냄새는 원래부터 부정적인 것은 아니었다. 아마 한 번도 농가에서 자란 적이 없는 도시의 어린이에게는 그럴 수 있다. 관계성은 배우는 것이며 본보기에 의해 각인된다. 어린이들이 냄새를 거부하는 것은 대부분 어른이 거부하기 때문이며 냄새가 공격적이라고 여기기 때문이다. 우리가 스스로 냄새에 대하여 관심을 가진다면 그리고 예를 들어 향기로운 장미향과 자연에 있는 수많은 향기를 즐긴다면, 곰팡이나 썩은 냄새가 날지라도 그냥 객관적으로 반응하면 효과가 있을 것이다. 물론 어린이들이 진짜 견디기 힘든 냄새도 있을 수 있다. 그것은 물론 우리가 존중해 주어야 한다.

후각의 핵심단어 :		
	지각 경험 :	다양한 물질과 생물의 과정에 대한 냄새
	어린이는 무엇을 배우는가 :	물질과 물질의 변화과정을 냄새로 인식하고 평가해 보는 것 배우기

1.2.3 온감각-감각 7

우리가 무엇인가를 만지면 촉각으로 지각할 뿐만 아니라 따뜻함도 지각한다. 몇 가지 관찰해 보자.

우리 주변에 있는 다양한 사물들을 만져보고 거기에서 우리가 지각하는 따뜻함에 주의를 기울여 보자. 책상 위에 손을 올려놓으면, 책상이 차갑게 느껴진다. 쌓여진 종이 위는 비교적 따뜻하다. 인조가죽으로 된 캘린더 수첩의 표면은 조금 더 따뜻하고 의자 쿠션은 약간 더 따뜻하며 놀랍게 책장 선반도 따뜻하다. 카펫바닥은 매우 따뜻하게 느껴지는데 그에 반해 의자의 쇠는 정말 차다. 바닥에 세워 놓은 큰 도자기 꽃병도 차다. 어째서일까? 사물들이 서로 다른 온도를 지니고 있을까? 물론 아니다. 이것들은 모두 오랫동안 방 안에 있었으며, 이미 오랫동안 방안의 온도에 영향을 받고 있었다. 우리가 착각하고 있는 것은 아니지만, 우리는 온감각으로 온도를 지각하고 있지는 않다.

좀 더 정확히 탐구해 보자. 바닥의 카펫과 쇠의 사이에는 어떤 차이가 있을까? 이들은 온기를 다양하게 잘 전도한다. 쇠는 온기를 잘 전도하기 때문에 손의 온기를 빨리 앗아가서 차가운 느낌을 준다. 카펫바닥은 온기를 매우 잘못 전도하여 오히려 흐름을 막기까지 한다. 그럼 다른 경우는? 너도밤나무 목재로 매끄럽게 마무리 된 책상 표면은 온기를 비교적 쉽게 가져가 시원한 느낌을 준다. 종이는 더 거친 표면과 더 거친 구조를 가지고 있어서 손의 온기를 천천히 가져가기 때문에 약간 따뜻하다. 유사한 이유로 가문비나무 재목으로 만들어진 거친 책장 선반은 조금 더 따뜻하다. 우리가 따뜻하다 또는 차다고 표현하는 것은 어떤 온도가 아니라 주변 세상에 대한 우리의 고유한 온기의 특정한 상태를 말하는 것이다. 우리의 신체에서 온기가 빠져 나가면 차다는 것을 체험하는 것이고, 신체의 온기가 그대로 있거나 온기가 더해지면 따뜻함을 체험하게 되는 것이다.

이것을 단순한 실험으로 더 명료하게 체험할 수 있다. 다른 사람들과 함께 수행해 보면 좋을 것이다.

세 개의 그릇을 가지고 하나는 따뜻한 물(약 40℃)을 넣고, 또 하나는 차가운 물을, 세 번째 그릇에는 다른 두 그릇의 물과 차이가 나도록 두 개를 섞어 미지근한 물을 넣는다. 대략 20~30초 정도 한 손은 차가운 물에 또 한 손은 따뜻한 물에 담그고 있다가 마지막에 두 손을 미지근한 물에 함께 담그면, 혼란스러운 것을 지각하게 된다. 왜냐하면 같은 물인데도 한 손은 차갑고 또 한 손은 따뜻함이 전달되기 때문이다. 우리가 온도를 지각하는 것이 아니라 주변 환경과의 관계를 지각하고 있기 때문에 여기에서 일어나는 일을 이해할 수 있게 될 것이다. 따뜻하게 데워졌던 한 손이 미지근한 물에서는 온기를 잃어버리게 되어 차갑다는 느낌으로 지각하도록 하는 것이다. 다른 한 손은 차가운 물에서 차가와졌으나 미지근한 물에서는 온기를 취하게 되어 따뜻하다는 지각을 하게 한다. 우리는 이 같은 사실을 다른 상황에서도 잘 알고 있다. 추운 겨울날 바깥에 있다가 방으로 들어오면, 기분 좋게 따뜻함을 느끼지만 따뜻한 부엌에서 일하다 방으로 들어온 사람에게는 춥다.

온감각의 학습

온기는 인간에게 있어서 식량, 공기와 함께 중요한 생명의 요소이다. 우리는 생존하기 위해 우리의 유기체를 수시로 만들어내고 보존해야만 하는 하나의 매우 특정한 고유의 온기를 필요로 한다. 그래서 우리가 온기를 잃어버리거나 필요 이상으로 온기를 받는다는 것을 지각할 수 있는 것이 생명의 유지를 위해서 중요하다. 왜냐하면 그것을 지각할 때만이 우리가 그 상황에 대해 적절히 반응할 수 있기 때문이다. 그래서 온감각은 우리 고유의 온기를 지켜주는 파수꾼이다. 너무 춥거나 너무 더우면 우리는 무엇을 하고 있는가? 우리는 옷을 입거나 벗으며 반응하거나 주변 환경을 바꿀 수 있다. 어린이들은 두 가지 모두를 우리 성인들로부터 배운다. 이는 오래 걸린다. 어린이들이 온감각의 지각을 실현하고 이해하며 적절한 귀결점을 찾을 수 있을 때까지는 오랜 시간이 필요하다. 대부분의 유아교육기관 시기의 어린이들은 언제 너무 더운지 아니면 너무 추운지를 아직 잘 알아차리지 못한다. 그들에게는 또한 온기에 대한 경험이 부족하다. 왜냐하면 오늘날의 집들은 거의 온기의 차이가 없어서 따뜻함과 차가움에 익숙할 수 없기 때문이다. 벽난로나 장작불을 통해서는 온기와 한기를 더 쉽게 잘 알 수 있다. 어떠한 날씨에도 어떠한 계절에도 어린이들과 함께 규칙적으로 바깥에 나가서 어린이들이 어떻게 날씨와 계절에 적절하게 옷을 입어야 하는지를 배우게 하는 것은 매우 좋은 일이다.

그런데 온감각은 다른 측면을 가지고 있다. 우리는 온감각을 통해 우리가 만지는 물건에 대하여 무엇인가 경험하고 있다. 왜냐하면 그 물건이 만들어진 재료에 따라 온기를 수용하는지 아니면 전도하게 되는지에 대하여 무엇인가를 알려 주기 때문이다. 우리가 만져 보았던 딱딱한 나무, 부드러운 나무, 종이, 카펫, 쇠 등 온기를 각기 다르게 전도하는 사물들만을 생각해 보자. 이들을 만지면, 온감각은 우리에게 열을 수용하거나 전도하는 물질의 내부 성질에 대하여 무엇인가를 전달해 준다. 열 전도력은 물질의 성질이다. 어린이들이 다양한 물질을 만져볼 수 있을 때만이 물질의 성질을 배울 수 있으므로 우리는 이것을 감안해야 한다.

온감각의 핵심단어 :		
	지각 경험 :	다양한 물질의 열전도력, 자신의 온기를 내보내기, 새로운 온기를 들어오게 하기
	어린이는 무엇을 배우는가 :	자기의 신체와 주변 환경 간의 관계를 인식하고 감정해 보는 것 배우기

1.3 의사소통감각

의사소통감각이라 칭한 감각으로 청각과 시각, 세상에 대한 지각을 전달하는 촉각, 조형감각, 의미감각 그리고 스타일감각을 여기에서 정리해 보겠다. 의사소통감각은 인간적인 의사소통을 가능하게 해 주는 감각이라는 점에서 그렇게 이름을 지었다. 사람이 시각장애인이 되었다 하더라도 아직 조형감각, 의미감각, 스타일감각과 함께 듣기, 만져보기는 자유롭게 할 수 있다. 청각장애와 시각장애를 함께 가지고 있는 사람이라면, 다른 사람과의 의사소통은 조형감각, 의미감각, 스타일감각과 함께 하는 촉각으로 제한된다. 이마저 없어진다면, 다른 사람의 표현을 지각한다는 것은 불가능해진다. 이러한 상황에 있는 인간은 자신의 본보기를 지각할 수 없어서 본보기로부터 아무 것도 배울 수 없기 때문에 발달하지도 못한다. 의사소통감각이 없다면 교육은 불가능하다.

1.3.1 청각-감각 8

지금 우리는 무엇을 듣고 있는가? 우리는 아마도 나무에 속삭이는 바람 소리를 듣고 있거나 화장실의 물소리 또는 부엌에서 설거지하는 소리를 듣거나 공차는 소리, 어린이들의 음성, 발걸음, 시계의 똑딱거리는 소리를 듣고 있다. 그 다음엔 자동차가 지나가는 소리를 듣고 삐걱대는 의자 소리, 지금 우리의 손에 의해서 나는 종이의 바스락거리는 소리를 듣고 있다. 모두 자기의 현재 상황을 한번 정확히 관찰해 보자. 우리가 보지 않고도 어떤 것을 소음으로 인식하는 것은 어떻게 된 일일까? 우리가 진짜 듣고 있는 것일까? 이제 그것을 좀 더 정확히 탐구해 보자.

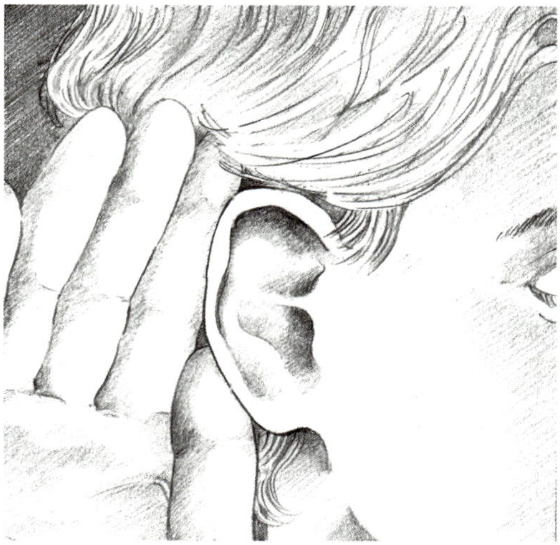

집안에 놓여 있는 물건들을 그냥 모아 무더기로 놓아 보자 : 종이상자나 플라스틱통 안의 크고 작은 못들, 나뭇조각들, 조약돌, 빈 통이나 차 있는 통(예를 들어 오래된 필름 통), 달걀껍질, 포크, 수저, 뚜껑, 냄비, 플라스틱병, 유리병, 종이, 판지, 비닐봉지 등 여러 가지

다음에 제시된 것을 우리는 여러 가지로 해볼 수 있다. 지금부터 물건들의 소리를 탐색해 본다.

- 플라스틱병을 누르면 어떤 소리가 날까, 뚜껑이 닫혀 있는 상태에서 또는 열린 상태에서는 어떤 소리가 날까, 그것으로 책상을 치면 또 어떤 소리가 날까 : 크게 또는 작게 소리가 날까? 손이나 다른 물건으로 그 위를 쓰다듬으면 어떤 소리가 날까?
- 종이 상자나 플라스틱통 속에 있는 못들은 어떤 소리가 날까, 책상 위에 떨어뜨리면 또 어떤 소리가 날까. 통이 비어 있으면 또는 열려 있거나 닫혀 있으면 어떤 소리가 날까?

물건들의 무더기

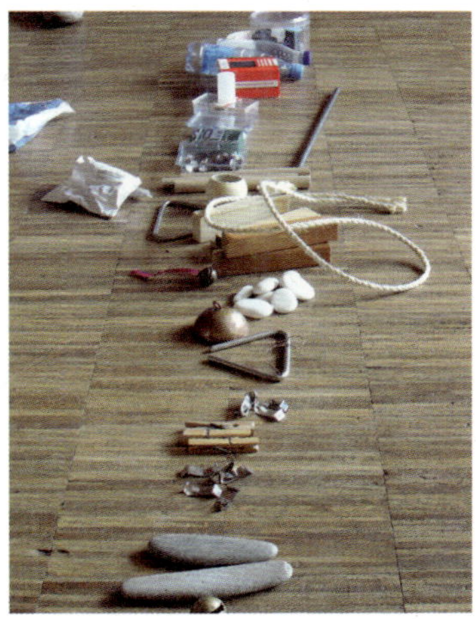

소리의 높이에 따라 정렬

-달걀껍질을 서로 비비면, 두드리면, 으깨면 어떤 소리가 날까?
-냄비와 뚜껑은 어떤 소리가 날까?

우리는 시간을 내어 모은 물건들을 가지고 이런 방법으로 소리와 울림을 탐색해 본다. 탐색에 참여한 사람들과 함께 이들의 소리를 들었으면 다음 단계를 해본다. 소리의 높이에 따라 물건들을 정렬시킨다. 물건을 가지고 해 보면 알 수 있듯이 어떻게 다루느냐에 따라 소리가 다양하게 날 수 있으므로 정렬시키기가 그리 쉽지는 않다. 소리의 높이에 따라 탁자나 바닥에 물건들을 정렬시킨 다음, 한번 더 소리를 내보며 검토하고 필요하다면 위치를 수정한다. 무더기로 쌓였던 물건들이 흥미롭고 다양하며 소리를 들을 수 있을 거라고 실험 전에 우리가 미리 생각할 수 있었는가?

물질과 움직임

이제 소리와 울림을 통해서 실제로 경험한 것을 탐구해 보자. 우선 우리는 쇠, 나무, 돌, 종이, 플라스틱이 다양하게 어떤 소리를 내는지 알 수 있었다. 이러한 소리는 전형적이어서 보지 않고도 우리는 어떤 물질인지 인식할 수 있다.

다른 사람에게 맞추어 보게 하면서 짝을 지어 이를 시도해 볼 수 있으며, 더 섬세하게 할 수 있다. 한 사람이 다양한 종류의 종이를 구기고 다른 사람이 보지 않고 신문지인지, 마분지인지, 실크종이인지 아니면 보통 프린트 용지인지를 알아맞혀 보게 할 수도 있다. 이는 소리와 울림이 물질의 특성에서 기인했기 때문에-예를 들어 종이가 부드럽고 빳빳하며 유연한 것처럼-가능한 것이다. 우리가 종이를 구길 때의 소리를 들으면, 어떤 성질이 이런 소리의 근거가 되는지를 안다.

여기에 종종 이의가 제기된다. 우리가 언젠가 이미 배웠기 때문이라고, 옳은 말이다. 어떤 종류의 종이였는지를 말할 수 있으려면, 그에 대한 경험이 있어야 한다. 종이의 종류에 따른 특별한 소리는 처음 들어도 수백 번 들었을 때와 같다. 정의를 내려 보자 : 물질을 소리 나게 했을 때 우리는 물질의 성질을 듣고 그 물질을 인식할 수 있다.

우리는 종이를 구기는 대신 찢었을 때도 어떤 소리가 나는지 들었다. 누군가 밖에서 자기 나름대로 비질을 하거나, 망치질, 톱질을 해도 우리는 들을 수 있다. 이는 물질의 성질뿐만 아니라 움직임, 즉 소리를 야기하는 행위도 듣고 있다는 것이다. 모터 소리도 역시 마찬가지다. 모터 소리에서도 움직임을 동시에 듣고 있는 것이다. 노련한 자동차 기술자는 모터 소리만 들어도 자동차에 무슨 일이 생겼는지 안다. 그러나 이것이 전부는 아니다.

물체, 공간–공명

이제 책상 위를 손가락 뼈마디로 두드려 소리를 탐색해 보자. 무엇을 듣고 있는가? 처음엔 다양한 소리를 듣게 된다. 판자는 위치에 따라 다른 소리가 난다. 중간에는 깊은 소리가 나고, 가장자리는 높은 소리가 나고 그리고 다시 깊은 소리가 난다. 왜? 책상을 잘 관찰해 보면 알 수 있다 : 높은 소리가 나는 곳은 책상의 끝 부분이고, 다른 곳은 자유롭게 울린다. 우리는 책상 판이 끝부분인지 아닌지를 듣는다. 우리는 다른 가구나 벽을 두드려 보고 속이 비어 있는지 아니면 순수한 나무인지, 두꺼운지 얇은지, 무엇인가가 연결되어 있는지 등, 표면 뒤가 어떻게 변하는지를 들을 수 있다. 이런 방법으로 배전 통이 벽지 뒤 어디에 숨어있는지를 찾아낼 수 있다. 회칠이 덜 된 곳을 알아내고 상자가 차 있는 것과 비어 있는 것의 구분도 가능하다.

이는 우리가 소리를 통해 사물이 물질적으로 어떤 성질을 띠는지에 대하여 지각할 수 있다는 뜻이다. 여기에 또 다른 경험을 보태보자 :

우리는 상자나 통에 대고 말을 했을 때 우리의 목소리가 더 크다는 것을 잘 알고 있다. 아마도 우리는 목욕탕과 같은 공간에서 어떤 특정한 소리의 높이가 울려서 소리가 더 강화된다는 것도 알고 있다.

모든 공간은 크던 작던 간에 그 안에서 무엇인가 소리가 나면 함께 울린다. 이것을 공명이라고 한다. 각 공간은 나름대로의 독특한 울림이 있어서 공명이 된다. 그러나 다른 각 소리에도 공간에 영향을 미쳐 우리가 듣게 되는데 벽, 천정, 바닥과 가구들이 소리를 반사하기 때문이다. 이것은 우리가 공간에서 방향성을 갖는 데 중요하다. 누군가 감기로 한쪽 귀가 며칠간 잠시 먹먹했던 적이 있었다면, 얼마나 불편한지를 알고 있을 것이다. 이 경우 방향성을 찾기가 어려워서 정상적으로 들을 수 있을 때엔 메아리를 통해서 방향을 경험하지만, 이때는 고개를 잘못 돌리곤 한다. 시각장애인은 이러한 경우 대단히 민감하다. 맹인인 Jacques Lusseyran[3]은 방 안으로 들어가면 소리로 그 방이 어떻게 생겼는지 어떤 가구가 거기에 있는지를 경험한다고 했다. 그는 산책 시 경치를 설명할 수도 있다고 한다. 왜냐하면 끊임없이 나무나 언덕으로부터 반향되는 소음이 있기 때문이다. 그래서 바람 불거나 비가 오는 날은 바람과 비가 전체 주변 세계를 명료하고 입체적으로 경험하게 해 주기 때문에 맹인 John Hull[4]에게는 아름다운 날이라고 한다. 약한 산들바람은 건물의 모서리를 듣게 해 주고, 또한 다른 것들도 듣게 해 준다고 한다.

이것을 우리는 비오는 날이나 바람 부는 날에 나가서 눈을 감아 보면 잘 납득할 수 있다. 주변 세계에서 얼마나 더 많은 것을 경험할 수 있는가는 정말 놀라운 일이다.

---

3) Lusseyran(1989)

4) Hull(1992) S. 33ff u. 47ff

맹인 Jan Kish[5]는 공간을 완벽하게 알 수 있는 특별한 방법을 개발했다. 1초에 두 번씩 혀를 차서 소리를 내어 메아리를 통해 1미터 앞의 엄지손가락 굵기의 작대기, 2미터 앞의 소화전, 5미터 앞의 자동차를 알아냈다. 한 커다란 건물은 백 미터 정도 멀리 떨어져 있다는 것도 이런 방법으로 알아냈다. 그래서 그는 위험성 없이 자전거 여행이나 등반 여행을 자신 있게 할 수 있다고 한다. 그렇다고 우리도 금방 그렇게 시도해서는 안 된다.

그러나 우리가 잘 관찰할 수 있는 것은 눈을 감고 벽에 가깝게 가거나 밖에 있는 나무나 가로등, 기둥에 가깝게 가면 지금 들리는 이 소음이 어떻게 변하는가이다. 우리는 기둥을 지나갔다가 다시 돌아오면 어디에서 기둥이 시작되고 어디에서 끝나는지를 정확히 들을 수 있다. 같은 것을 담장이나 집의 모서리에서 실험해 볼 수 있다. 방 안에서는 어디에 문이 열려 있는지를 들으며 연습해 볼 수 있다.

평온과 주의력 발달

무엇을 위해 이런 경험들이 필요한가? 여기에는 두 가지 이유가 있다. 하나는 우리가 이를 통해 청력을 단련시킬 수 있어서 또 우리의 청력 지각을 세분화할 수 있어서다. 이는 언어의 학습에도 효과가 있다. 이에 대해서는 다른 곳에서 언급하게 될 것이다. 또 하나는 다음과 같은 것이다 : 누군가 개울이 흐르는 곳이나 집 앞에 분수가 있어서 물소리가 찰랑거리는 곳이나 빗방울이 지붕 위로 또는 나무 위로 떨어지는 소리가 들리는 곳에서 휴가를 보냈다면, 그는 얼마나 그 소리가 안정감을 주는지를 알고 있을 것이다. 왜? 왜냐하면 그런 지속되는 소리를 들음으로써 우리가 주변 세계에서 무엇인가를 경험할 수 있고 그래서 바깥 세상과의 관계에 대하여 잘 알게 되기 때문이다. 물론 전제조건으로 그 소리를 이해할 수 있어야 한다. 우리가 만일 주변에서 나는 울림과 소리에 대하여 신뢰할

5) Der Spiegel 22/2004, S. 156-161

수 있다면, 우리가 만일 소리에서 움직임과 행위를 들을 수 있다면, 더 나아가 우리가 만일 소리를 통해 사물의 물체적 성질과 공간 상황으로부터 하나의 그림을 형성할 수 있다면, 우리는 듣는 것으로 세상에 대해 잘 알게 된다. 그러면 우리는 세상과 연결되고 세상 속에서 마치 집에 있는 것처럼 편안함을 느낀다. 그리고 이것은 평온과 주의력 발달에 가장 좋은 전제조건이 된다. 우리가 어린이들로부터 모든 소리와 울림을 멀리하지 않고, 오히려 어린이들에게 스스로의 경험으로 소리와 울림에 친숙해질 수 있고 이해할 수 있도록 한다면, 어린이들은 평온과 주의력을 발달시킨다.

소리의 음에 대하여는 전혀 언급하지 않았다. 울림이 선명해지면 음이 생성된다.

가끔 돌멩이에서 소음과 소음처럼 혼합된 울림의 전이과정을 발견하게 되는데, 순수한 음까지도 체험하게 된다. 이들은 특히 딱딱한 돌멩이들이다. 이 돌멩이들을 손에 넣고 서로 부딪히면, 돌멩이마다 다른 소리가 난다. 이들의 두 곳만 서로 닿게 놓고 나머지는 공중에서 흔들리게 한다면, 서로 부딪힐 때 맑은 소리가 난다. 나무토막으로도 역시 이런 경험을 할 수 있다. 이렇게 돌멩이나 나무토막, 쇠로 음계에 맞추어진 소리 막대를 만들 수 있다.

이 부분은 음악 훈련에 속한 내용이라 더 이상 확장하지는 않겠다. 그러나 감각 발달의 관점에서 어린이들이 어렸을 때부터 음악과 순수한 음(소리)을 들으며 자라게 하는 것은 매우 중요하다. 유아교육기관에서 우리는 어린이들과 함께 많이 노래하고 단순한 악기로 연주도 해야 한다.

청각의 핵심단어 :		
	지각 경험 :	물질의 성질, 움직임, 물체의 성질, 공간관계, 공간-위치-관계, 공명, 울림과 음의 뉘앙스
	어린이는 무엇을 배우는가 :	세상에서의 울림과 소리에 대하여 잘 알게 된다. 청력의 세분화, 세상과 자신을 연결시킨다, 평온함을 찾게 된다, 주의력

1.3.2 시각-감각 9

우리가 주변에 시선을 두면서 볼 때 무엇을 지각하고 있는가? 우리는 표면, 색깔, 형태를 보고 있다. 표면에 대한 지각을 좀 더 자세히 탐색해 보자.

우리가 거울 앞에 서 있다고 상상해 보자. 그러면 우리는 거울에 비친 우리의 모습을 보고, 또 내 등 뒤에 있는 주변을 투영상으로 보는 것이지, 거울 자체를 보는 것은 아니다. 그렇다고 무엇인가를 아주 가깝게 보고자 거울에 머리를 부딪친 사람은 아마 없을 것이다. 우리가 거울 자체를 볼 때는 단지 거울에 먼지가 묻어 있거나 더러워졌거나 또는 종이가 붙어 있거나 할 때이며 거울과 외부의 경계를 인식할 때이다.

빛이 거울에 비추면 우리는 표면을 본다. 그것이 거울의 특성이다. 그리고 다른 모든 표면도 마찬가지다.

책상에 빛이 내리쪼이면, 우리가 책상을 위에서 내려다 볼 때 우선 밝은 나무의 밤색을 보게 되고, 밝고 어두운 나뭇결과 좁은 나무판자들을 접착제로 붙여서 만든 구조를 보게 된다. 그러나 우리가 창문을 향하여 책상 위를 낮게 보면, 빛이 어떻게 뿌옇게 투영되는지 보게 되며, 이를 통해 광택이 없는 책상 표면을 인식하게 된다. 표면이 어떻게 빛을 반사하는지는 우리에게 표면에 광을 낸 것인지, 실크처럼 뿌연지, 거칠게 만들어졌는지를 보여준다. 때, 긁힘, 일그러진 평면, 먼지, 습기 등은 이들이 빛의 반사를 변화시키거나 방해했을 때만 볼 수 있다. 이제 여러 가지 대상을 가지고 좀 더 정확히 탐색해 보자.

우리가 물 위의 표면을 볼 때에도 역시 매우 유사하다. 빛의 반사를 통해 우리는 물이 평평한지, 아무 것도 닿지 않았는지, 바람에 약간 물결이 생겼는지, 빗방울이 떨어져서 물결이 퍼져나가는지도 보게 된다. 이러한 모든 경우는, 우리가 표면이 빛과 어떤 관계인지를 보기 때문에 표면의 성질에 대한 무엇인가를 경험할 수 있다.

표면 지각하기

우리에게 이렇게 주의력이 생겼다면, 빛이 표면에서 보여주는 모든 것을 이제 식물에서도 살펴보도록 하자.

우리는 녹색 식물잎의 표면이 얼마나 다양한지 그저 놀라울 따름이다. 두껍게 니스칠을 한 것 같은 나뭇잎, 눈부시게 빛나는 나뭇잎, 뿌연 나뭇잎, 비단결 같이 비치는 나뭇잎, 벨벳 같은 나뭇잎, 반들거리거나 잎맥이 있는 나뭇잎 등, 자연이 제공하는 다양함의 가능성들은 놀랍다. 꽃들은 또 어떠한가? 섬세한 벨벳 같은 꽃, 광택 없이 매끄러운 장미꽃잎, 실크처럼 빛나는 튤립, 또는 무거운 실크나 벨벳으로 만들어진 것 같은 아마릴리스, 자연이 우리의 눈앞에 펼쳐 보여주는 것들은 모두 신기하다.

식물에 대하여 우리는 끝도 없이 관찰할 수 있다. 나무껍질이라든지 과일들도 그 표면의 성질이 어떤지 끝없이 관찰할 수 있다. 또한 나무, 돌, 쇠 등도 전형적인 표면을 가지고 있어서 빛의 반영을 다양하게 경험할 수 있게 해 준다. 물론 다른 모든 물질들도 마찬가지다.

색깔의 지각

광학적인 보기의 두 번째 분야는 색깔이다. 우리 한번 방안을 둘러보자.

얼마나 많은 색깔이 있는가? 물론 이 방에 무엇이 있는가에 따라 다를 것이다. 그러나 중요한 것은, 예를 들어 파란색의 카펫이 여기저기 모두 같은 파란색이 아니라는 것을 알아차리는 것이다. 해진 곳이나 먼지가 있는 곳을 굳이 보지 않더라도 햇빛을 직접 받는 곳의 파란색은 흐린 빛이나 그늘진 곳에서의 파란색과는 다르다. 카펫바닥만 봐도 여러 가지 다양한 파란색이 있다는 것을 증명해 준다. 역시 다른 사물도 마찬가지다. 나무는 나뭇결에 따라, 천은 짜임새에 따라 다양한 색상을 보여 준다. 우리가 이것을 전제한다면, 한번 다양한 색깔을 세어 보자. 연습으로 진짜 해보는 것이다. 그리고 책상, 책, 그림, 화분, 의자를 보면서 두 가지부터 사천 가지 색상이 있음을 발견하게 될 것이다. 우리는 이 모든 색상을 볼 수 있고, 가장 섬세한 색의 농담도 구별할 줄 안다.

우리는 본래 백 가지의 색상을 지각할 수 있다고 예측하고 있을 것이다. 우리가 그것을 진짜 지각할 수 있느냐는 얼마나 많은 색깔에 대한 경험을 했었는가에 달려 있다. 민감성은 연습으로 향상시킬 수 있다. 그러기 위해서는 우선 색깔의 섬세한 차이를 알아차리도록 시도는 해 보아야 할 것이다.

색소

염색은 어떤 특별한 성분과 연관된다. 잘 알려진 것 중에는 아마 카로틴이 있을 것이다. 카로틴은 당근에만 색깔을 나타내주는 것이 아니라 해바라기, 금잔

화 그리고 다른 노란 꽃들의 색과도 연관이 있다. 또 녹색 식물에 있는 클로로필도 있다. 색이 어떤 특정한 성분에 달려 있다는 사실은 자연의 연결로부터 색을 분리하거나 만들어내는 것을 가능하게 해 준다. 인간은 이를 이미 수천 년 전부터 해 왔다. 가장 오래 된 예가 바로 동굴 벽화이다. 오늘날도 좋은 색깔을 자연으로부터 얻고 있다. 정원의 꽃과 열매, 채소에서 매우 훌륭하고 때론 강한 색을 발견할 수 있다.

우리는 빨간 장미 꽃잎을 짜서 아주 연한 장미 색조를 얻을 수 있다 : 민들레 꽃잎은 아름다운 노란색을, 어떤 백합과 해바라기 그리고 풀들은 강한 색을 주기도 한다 : 다 열거할 수는 없지만 구스베리와 나무딸기뿐만 아니라 붉은 사탕무 등도 강한 색깔을 만들어 준다. 밤색은 물론 흙이나 찾아보면 어딘가에 있는 쇠에 슬은 녹이 만들어준다. 제일 좋은 방법은 우리가 여름에 다양한 꽃잎과 꽃가루, 풀, 장과들을 모아 놓고 꽃잎이나 열매는 짜고 꽃가루는 손가락으로 찍어서 종이에 직접 색을 내 보는 것이다. 우리가 색 즙을 종이 위에 칠해 보면, 종이가 색을 먹어서 색이 연해지고 광택이 없어진다고 생각한다. 그림을 그릴 수 있을 정도로 충분한 색을 얻기 위해서는 정말로 많은 꽃가루와 꽃잎, 장과류가 필요하다는 것을 알아차리게 되며, 이는 색이 얼마나 귀한 것인지를 말해 준다. 우리가 만일 어린이들과 함께 색을 만들어내고 사용한다면, 그냥 마구 바르지 않고 귀한 만큼 조심스럽게 사용하도록 하는 것을 절대적으로 유의해야 한다.

색의 배열

색에는 특별한 법칙이 있다. 색을 사용해 본 사람이라면 이미 이것을 알고 있을 것이다. 이 법칙은 보기와 관련이 있다. 이를 위해 몇 가지 관찰해 보자.

빨강, 파랑, 노랑 그리고 오렌지와 보라색의 종이들을 모아보자. 찾기 힘들다면 한 가지 색으로 된 물건이나 책표지도 사용할 수 있다. 어떠한 경우라도 색이 강하고 빛나는 것이면 된다. 이제 하얀 벽을 마주 하고 앉아서, 한 가지 색깔의 물건을 팔 길이만큼 떨어진 곳에 놓는다. 색깔과 하얀 벽은 환한 곳에 있어야 한다. 이제 우리의 시선을 사물에 두고 어느 정도(대략 15~20초 정도) 색깔을 응시한다. 이때 시선을 희미하게 하면 더 좋다. 그러나 이티저리 시선을 움직여서는 안 된다. 그리고서 색을 없앤다(종이를 바닥에 떨어뜨려 보이지 않게 한다). 시선을 변화시키지 않고 바로 눈앞의 하얀 벽을 바라본다. 그러면 우리는 거기에 밝은 다른 색을 보게 되는데, 그것은 종이나 사물의 모양과 같은 그러나 더 큰 잔상이다. 첫 번째 잘 안 되었다면, 다시 반복하면 된다. 중요한 것은 색깔을 바라볼 때 다른 그 어떤 것도 보아서는 안 되며, 단지 시선을 그 사물의 색에 머물게 해야 하고 종이를 없앤 자리에 시선을 그대로 두어야 한다. 우리는 이것을 여러 가지 색깔을 가지고 해볼 수 있다.

잔상은 모든 사람들에게 동일하게 나타난다. 빨간색을 응시했다면, 잔상은 녹색을 띠고, 녹색을 응시했을 때에는 빨간색을 띤다. 파란색에는 오렌지색, 노란색에는 보라색이 서로 나타난다. 이러한 색의 짝을 보색이라고 한다. 보색은 빨강, 노랑, 파랑의 삼원색으로 이루어진다. 삼원색은 다른 색을 섞지 않고 만들어지는 색이라서 이렇게 칭한다. 이에 반해 다른 세 가지 색, 즉 오렌지색, 녹색, 보라색은 두 가지씩 보색이 섞여서 만들어지는 색이다. 파란색과 노란색을 섞으면 녹색, 빨강과 노랑을 섞으면 오렌지색, 빨강과 파랑을 섞으면 보라색이 나온다. 이런 이웃 색들을 함께 모아놓으면 색의 원이 형성된다. 녹색은 노랑과 파랑 사이에, 오렌지색은 노랑과 빨강 사이에, 보라색은 빨강과 파랑 사이에 있다. 각각의 색깔들은 빨강-녹색, 노랑-보라, 파랑-오렌지의 보색으로 마주하고 있다. 물론 각 사이색도 보색을 지닌다. 이것을 색의 원에서 정확히 찾아낼 수 있다.

색의 효과는 보색과 밀접한 관계가 있다. 두 개의 보색들을 가지고 예를 들어 빨강과 녹색 또는 파랑과 오렌지색을 함께 놓으면, 이들은 홀로 있을 땐 전혀 있었던 적

이 없는 빛을 발하기 시작한다. 색의 원에서 옆에 있는 색들을 함께 놓으면, 색깔은 희미해지고 지루해지며 누구의 눈에도 띄지 않게 된다.

이것을 관찰하기 위해 빨강, 오렌지색, 노랑, 녹색, 파랑, 보라색의 색종이들을 가져온다. 각 색종이를 좁고 긴 줄 모양으로 자른다. 오렌지색의 줄을 노란색과 빨간색은 파란색과 함께 줄무늬가 생기도록 교대로 놓아본다. 그러면 어떻게 그 효과가 다른지를 우리는 비교해 볼 수 있다. 같은 실험을 다른 색을 가지고도 해 본다. 우리는 줄무늬들을 통해 어떤 배경이나 주변의 색에서 더 강하거나 더 약하게 그 효과가 나타나는지를 알 수 있게 된다.

이런 실험은 우리 어른들을 위해 생각해 낸 것이지 유아교육기관의 어린이들에게 적절한 것은 아니다. 그러나 우리는 우리 스스로 색이 어떨 때 강하고 또는 약한 효과를 내는지에 대하여 경험을 통해 알아야만 한다. 그리고 유아교육기관에서 너무 강하거나 튀는 색깔의 그림을 두지 않도록 유의해야 한다. 왜냐하면 어린이들의 지각능력은 매우 민감하기 때문이다.

어린이들에게 즐거움이나 감탄을 불러일으키는 하나의 현상에 대하여 추가로 언급하고자 한다. 세공된 유리를 창문에 매달아 놓고 교실, 바닥, 벽, 천장 여기저기에 무지개 색이 투영되게 하면 실제로 나타나는 무지개의 색과 같다. 어린이들은 비눗방울 놀이를 하면서도 이것을 관찰할 수 있다.

시각의 핵심단어 :		
	지각 경험 :	물질의 성질, 표면의 구조, 표면의 성질, 색의 뉘앙스, 밝고 어둠의 다름
	어린이는 무엇을 배우는가 :	광학적 세계를 알게 되고 색과 음영에 대한 지각의 세분화

1.3.3 촉각-감각 1

여기에서는 자신을 지각하고 자신의 경계를 알게 하는 신체감각을 살펴볼 때 보류했었던 점을 중심으로 촉각에 대하여 다루도록 하겠다. 우선 처음에 직접 해 보았던 실험을 다시 해 보자.

우리가 눈을 감고 우리 주변의 사물들을 만지면 무엇을 지각하게 되는가? 우선 책상을 만지게 될 것이다. 책상은 딱딱하다. 우리가 책상의 상판을 누르면 전혀 들어가지 않는다. 우리는 비교를 위해 의자의 팔걸이를 탐색해 볼 수 있는데, 의자의 팔걸이 경우 눌러진다. 팔걸이는 좀 연하다. 쿠션을 손에 들어 보면, 더욱 쉽게 잘 들어가는 것을 알 수 있다. 이제 다시 책상으로 돌아가 보자. 책상 위를 손으로 쓰다듬어 보면, 상판의 표면이 반질반질하다는 것을 알 수 있다. 좀 더 자세히 조사해 보면, 거친 곳이나 수평이 맞지 않는 곳 또는 가느다란 홈도 발견할 수 있고 나무들이 서로 접합된 작은 모서리도 느껴볼 수 있다. 이제 책이 만져질 것이다. 우리는 반질반질한 책표지를 지각한다. 표지를 들어 손가락 사이로 우그러뜨려 형태를 만들어 보면 그것이 얼마나 뻣뻣한지도 느낄 수 있다. 그리고 이어서 이 과정에서 생긴 구겨진 곳의 굴곡을 알아차리게 된다. 우리는 계속 책상 위에 놓인 다른 여러 가지 종이를 손가락 사이로 진단해 보면서 필기 종이와 신문지와의 차이를 느끼게 된다. 그리고 신문을 싸 놓은 얇은 비닐이 손에 닿는다. 그것을 손으로 구겨본다. 손에서는 아주 전형적인 느낌이 생긴다. 우리가 만일 신문지를 구긴다면 느낌은 전혀 다를 것이다.

우리가 시간을 내어 우리의 지각능력을 계속 발달시켜 보는 것은 참 좋은 일이다. 더욱 좋은 일은 우리가 경험했던 각각의 지각과 접촉의 움직임들을 끝으로 다시 한번 반복해 보는 것이다. 가장 좋은 일은 이들을 종이에 써 놓는 것이다. 우리는 다음과 같은 접촉의 움직임들을 실험을 위해 해 보았다 : 눌러보기, 쓰다듬어보기, 손가락 사이로 움직여 보기, 손가락으로 형태를 만들어 보기, 손으로 구기기

종이와 천을 다양하게 지각하기

우리는 이런 것이나 또는 비슷한 관찰을 위해 다른 사람들과 함께 접촉해 볼 과제를 서로 제시할 수 있다.

눈을 감고 각자의 앞에다 손으로 접촉하는 움직임을 통해 탐색해 볼 수 있는 여러 가지 다양한 종이들을 똑같은 크기로 놓아 보자. 아마도 누구나 금방 어떤 종이인지 알 수 있을 것이다. 거기에다가 촉감의 지각에 있어서 종이가 어떻게 다른지 묘사하도록 하는 과제를 보충할 수 있다. 그러나 다양한 천 조각들의 경우에는 좀 더 어려워질 것이다. 마, 능직물, 실크, 타프타, 떠서 만든 직물, 직조물 등 다른 사람에게 과제를 내기 전에 우리 스스로 먼저 한번 시도해 보자.

고도의 노력이 필요한 것은 이 같은 조건의 탐색을 자연에서 해볼 때이다. 너도밤나무, 떡갈나무, 소나무, 자작나무, 플라타너스 등의 나무껍질을 만져보고 알아내는 것은 매우 어렵다.

액체를 촉감으로 지각하기

액체도 우리는 접촉해 볼 수 있다.

우리가 욕실에서 목욕탕 안으로 들어갈 때, 우선 물을 접촉하고 느끼게 된다. 우리가 물 속으로 들어가면 물이 어디까지 닿았는지도 느끼게 된다. 우리가 손을 액체 안으로 넣고 움직여 보면, 그 액체가 연한지 진한지를 지각하게 된다. 또한 손가락 사이로 액체가 찐득찐득한지 아니면 매끌매끌한지도 지각하게 된다. 우리의 손이나 몸의 일부로 어떤 액체가 쏟아지게 되면 액체의 일관성이나 또는 우리의 피부에 느껴지는 압력까지도 지각하게 된다. 이에 대한 것을 우리는 샤워를 할 때나 비가 올 때 잘 알고 있다. 바람의 경우는 우리가 오로지 촉각을 통해서만 느낄 수 있다. 우리는 아마도 누구나 이것을 바람이 세게 부는 날 바닷가에서나 아니면 해안 근처에서 바람을 거슬러 자전거를 타고 달리고자 할 때를 기억하고 있을 것이다. 그렇지 않으면 우리는 바람을 단지 간접적으로 무엇인가를 움직이게 하는 것을 통해 또는 바람이 소리를 낼 때 경험하게 된다.

진동의 구분

한 가지 또 다른 부분이 있는데, 대부분 잘 잊어버리고 있는 것이다. 이는 청각을 잃은 사람에게 매우 중요한 의미가 있다. 그것은 진동이다.

우리는 진동을 기계, 즉 자동차나 모터보트, 또는 커다란 소리의 음악이 방바닥이나 공기를 진동할 때 느낀다. 그리고 진동의 모든 변화를 감지하게 된다. 어떨 때에는 다른 사람의 발걸음이 유발한 진동이 바닥으로 전해질 때 느끼기도 한다. 가장 세분화된 진동은 악기에서 지각할 수 있다. 이에 대해서는 다음 장에서 다시 다루도록 할 것이다.

진동은 촉각으로 지각된다. 우리의 피부에는 특별히 진동의 지각을 담당하는 수용체가 있다.

촉각이 없으면 소근육 운동도 없다

촉각에 의한 지각은 모든 행위에 있어서 매우 중요한 역할을 한다. 우리가 어떤 물질을 다루거나 어떤 사물이나 도구를 다룰 때 항상 작용하고 있다. 여기에서 촉각은 무엇인가를 닿게 하거나 만지거나 잡거나 할 때, 그 긴밀성의 정도를 조정한다. 손의 촉각이 저해된 사람은 극단적인 경우 너무 강하게 또는 너무 오래 압박을 가하여 손가락에서 피가 나올 정도로 위험에 빠질 수 있다. 연구에 의하면 손가락 끝이 마비된 것만으로도 충분히 단추를 잠그지도 열지도 못한다고 한다. 촉각이 없으면 섬세한 근육운동은 있을 수 없다.

촉각 학습

촉각이 잘 양성되려면 – 우리는 이미 이것이 얼마나 중요한지를 보았듯이 – 많은 촉각의 지각 경험이 필요하다. 우리는 스스로 촉각적인 무엇인가를, 특히 섬세한 근육운동의 행위를 함으로써 어린이들의 촉각을 촉진할 수 있다. 중요한 것은 다양한 물질을 많이 가지고 어린이들이 놀이를 할 수 있도록 하는 것이다. 우리가 만일 어린이들로부터 너무 많은 행위를 대신 해 주거나 빼앗아버린다면, 어린이들에게서 촉각을 양성시킬 가능성을 빼앗는 것이다. 극단적인 경우에는 어린이들이 전혀 실생활을 할 수 없을 정도로, 예를 들어 병뚜껑을 제대로 돌려서 열지도 닫지도 못할 정도가 되게 할 수도 있다. 이는 다시 언어 발달에 부정적인 영향을 미치게 할 수 있다. 우리가 이러한 관련성을 알아야만 하는 이유는 오늘날 점점 더 많은 어린이들이 이러한 상황에 놓여 있기 때문이다. 이에 대하여 더 보기를 하려면 '촉각에 있어서의 의미감각'의 장과 '언어 및 의사소통 감각'의 장을 열어 보라.

촉각의 핵심단어 :		
	지각 경험 :	물질의 성질, (능동적이고 수동적인) 접촉과 압력, 진동
	어린이는 무엇을 배우는가 :	다양한 물체들을 다룰 수 있고 (능동적이고 수동적인) 접촉과 압력을 감정할 수 있으며 자신의 힘을 조절할 수 있다(소근육 활동)

1.3.4 조형감각-감각 10

우리는 조형감각으로 다른 사람이 표현하여 나타내고자 하는 것을 지각할 수 있고, 함께 동반되는 느낌도 지각할 수 있다. 주의해서 보면 사람은 늘 말로만 표현하는 것이 아니라 몸짓, 춤, 음악, 그림, 건축, 조소, 행동 또는 안기 등을 통해서도 표현하고 있다. 그렇기 때문에 조형감각의 지각이란 듣기에만 한정되어 있지 않다. 우리는 다른 사람의 표현을 보기를 통해 그리고 촉각을 통해서도 지각하고 있다. 이는 조형감각의 지각이 듣기, 보기, 만지기의 지각 영역에 뻗쳐 있다는 의미다. 그러므로 여기에서는 조형감각과 관련된 지각 영역을 탐색함으로써 기술해 보고자 한다.

1.3.4.1 듣기의 조형감각

느낌을 들을 수 있을까? 누구나 다음과 같은 경험을 분명 해 보았을 것이다.

우리가 오래된 친구와 전화 통화를 하고 있는데, 요즘 어떻게 지내냐고 물어본다. 친구는 모든 단어를 동원해서 자기가 요즘 매우 잘 지내고 있다고 단언을 한다. 그러나 우리는 친구가 단지 모든 것에 대하여 설명하지 않기 위해 그렇게 말하고 있으며, 친구의 말과는 정반대로 잘못 지내고 있다는 것을 정확히 듣게 된다. 우리가 만일 그렇게 들었다면, 친구는 분명 잘 지낸다고 말했음에 틀림없다. 그러나 친구가 말로 표현하지 않았는데 도대체 어떻게 그것을 알 수 있었을까? 친구는 자신의 말에서 문장의 멜로디를 가지고 말을 한 것이다.

우리가 말하는 모든 것에는 멜로디가 있다. 그런데 이 멜로디는 항상 말로 표현되어지는 것과 일치하지는 않는다. 이것을 몇 가지의 예를 들어 좀 더 명확히 해 보자.

예 1 : "그렇지 않아?"

듣는 사람으로 하여금 "그렇지 않아"의 뒤에 붙은 물음표를 이해하게 하기 위해 우리는 이것을 물음표에 맞게 멜로디를 주어서 말해야 한다. 이 말은 우리가 일상생활에서 정당하다는 것에 대하여 이야기할 때 자주 사용하는 문구다. 여기에서 멜로디는 말해진 것의 절반을 차지하며 개념은 정 반대가 된다.

예 2 : "너 오늘 참 예뻐 보인다."

우리는 이 문장을 다양한 멜로디를 사용함으로써 매우 다른 의미를 부여할 수 있다. 하나는 정말 놀라움을 표현하는 것이며, 다른 의미는 비웃는 표현으로 아이러니컬한 문장이 될 수도 있다. 우리가 실험해 볼 수 있는 이런 말들은 무수히 많다. 그때마다 같은 문장이 전혀 다른 의미를 지니게 된다.

언어의 멜로디와 그 표현

우리의 언어가 지니는 멜로디는 아기가 처음 이해하는 언어의 형태이다. 한번 반야라는 10개월 된 영아를 떠올려보자. 그 아기는 이제 막 가구를 잡고 일어설 수 있다. 그런데 반야가 지금까지 못 잡았던 가구에 손이 닿게 되었다. 손을 뻗치니 화분까지 닿는다. 우리는 위험을 예측하고 "안 돼, 화분은 만지지마"라고 말한다. 우리는 반야를 놀라게 하지 않기 위해 친절한 음성으로 말한다. 그때 반야가 몸을 돌려 우리를 바라본다. 그리고는 화분을 만진다. 왜? 아주 간단하다. 왜냐하면 문장의 멜로디가 아이를 고무하고 긍정적인 울림이니까 그래서 그 아이가 동의한 것으로 지각했기 때문이다. 그냥 "흠-흠" 하면서 마음에 들지 않음을 나타내는 음성으로 표현했더라면 아이가 화분을 그냥 놓아두었을 것이다. 이 연령에 있는 아이들은 언어에 있어서 멜로디가 아주 중요한 때이다. 단지 멜로디가 표현하는 것만을 이해할 뿐이다. 몇 개월이 더 지나 점차 개념을 이해하게 될지라도 멜로디는 더욱 중요해진다.

우리의 언어는 멜로디의 요소로 가득 차 있다. 모든 단어는 이미 어떤 멜로디를 가지고 있으며 그래서 어떤 특정한 느낌의 표현이 담기게 된다. 이것을 우리는 어떤 특정한 상황을 표현하기 위해 적절한 말을 찾고자 할 때 특히 잘 알아차리게 된다. 어땠지? 그냥 어두웠나? 아니면 어둠침침했나 또는 음산했던가? 누군가 그 묘사를 들었다면, "음산한"이라는 말로 어떤 어둠을 표현하고자 했는지를 이해했을 것이다. 어린이들도 이것을 이해한다. 이를 굳이 설명할 필요가 없다. 왜냐하면 "음산한"이라는 말의 멜로디는 아까 했던 "흠-흠"의 멜로디에서처럼 벌써 무엇인가를 말해 주고 있기 때문이다. 소리, 말 또는 문장의 멜로디를 통해 우리가 경험하는 것은 무엇보다도 의사(意思)의 느낌 측면이다. 즉, 예에서처럼 어둠이 어떤 느낌을 주었냐는 것이다. 시에서는 언어의 이러한 측면이 본성적으로 결정적인 역할을 한다. 왜냐하면 시인이 자신의 느낌을 표현하고자 할 때 느낌이 다른 사람에게 전달되길 원하기 때문이다. 예를 들어 콘라드 페르디난드 메이어(1825-1898)와 같은 시인은 단지 몇 개의 단어로 풍부한 느낌의 그림을 만들어냈다 :

> 숲의 밤. 원초적 힘의 떡갈나무, 그 밑에
> 번개의 번뜩이는 빛이 전혀 비추지 않는...

두 줄의 글이 많은 정보를 전달하고 있지는 않지만, 우리에게 상황을 잘 떠올리게 할 수 있는 느낌을 가지게 한다. 그림형제의 동화와 같이 좋은 문학작품에서도 그런 문구가 들어 있고, 시인 크리스챤 모르겐스테른(1871-1914)의 운율이 있는 어린이 동화에서도 찾아볼 수 있다. '폭불'이나 '쥐이발사', 또는 '둥글둥글

둥글이'[6]라는 말이 나오면, 우리는 딱히 말로 설명할 수는 없어도 느낌으로 알 수 있는 무엇이 있다. 그와 똑같이 어린이들에게도 마찬가지이다. 어린이들은 이런 단어들을 접하게 되면 기뻐한다.

어린이들에게 있어서는 물론 소리로 그냥 운율을 읊거나 말을 하는 것일 뿐이다. 세 살 먹은 아이는 우리가 그냥 비슷하게 소리 내는 단어들, 예를 들어 sitzen, flitzen, ritzen, mitzen, hitzen, kitzen, ditzen, blitzen 등을 읊어도 즐거워한다(발음을 강조하기 위해 원문을 그대로 사용함 – 역자 주석). 어린이들을 위한 동시나 무릎 말타기 놀이, 손동작놀이 등을 보면 이러한 요소들을 많이 다루고 있다. 예를 들어 "ri-ra-rutsch, wir fahren mit der Kutsch(리라 루치, 우리는 마차를 타고 간다)" 여기에는 우리가 어떤 상황에서든 쉽게 스스로 싯구를 만들어낼 수 있는 분야가 있다. 예를 들어 "backe backe Kuchen, der Baecker hat gerufen(구어라 구워라, 빵, 제빵사를 부른다)"의 시를 가지고 "backe backe Pizza, der Baecker wohnt in Nizza(구워라, 구워라, 피자, 제빵사가 니스에서 산다)"라는 시를 만들어낼 수 있다(*여기에서는 원문의 각 구절 끝 발음이 어떻게 끝나는지를 잘 살펴 보아야 한다-역자 주).

언어의 이런 분야를 잘 가꾸어주는 일은 즐거움을 줄 뿐 아니라 어린이들의 언어 발달을 위해서도 중요하다. 언어의 이런 분야는 다른 사람이 말하는 것을 이해하기 위해 필요하며 잘 다룰수록 더 좋다. 그런데 바로 이런 언어 분야에서 지각장애가 있는데, 언어의 멜로디(전문용어로는 억양이나 운율이라고 함 : Prosodie) 지각이 더 이상 가능하지 않은 장애가 있다. 이것을 음조 실어증(tonale Aphasie)이라고 한다. 누군가 음조 실어증 때문에 고통을 받고 있다면, 그 사람은 단어들의 개념적 의미를 다 알고 있다 하더라도 다른 사람의 말을 이

6) Christian Morgenstern. Sausebrand und Mausbarbier. Ein Kinderliederbuch. Stalling Verlag, Olddenburg 1951.

해하기가 매우 어렵다. 그에게는 개별적인 단어들을 특별한 표현으로 연결해 주는 멜로디가 빠져 있기 때문이다.

음악적 표현

음악에도 이런 분야가 있기 때문에 어린이들의 언어 발달을 위해 음악교육 또한 매우 중요하다. 우리가 만일 아침 노래를 부른다면, 누구든지 가사를 모른다 해도 멜로디를 경험하고 나서 그것이 장송곡도, 자장가도 아닌 바로 잠을 깨우고 힘이 나게 하는 특성을 지닌 아침 노래라는 사실을 알 수 있을 것이다. 왜냐하면 이런 특성은 멜로디가 스스로 표현하기 때문이다. 한 멜로디가 느낌을 표현하는 특성은 음보(音步)와 리듬을 통해서 생성된다. 그리고 이 각각의 음보(전문용어로는 음정 : Intervalle)는 이미 어떤 특정한 특성과 표현을 지니고 있다. 한 노래책을 가지고 등산 노래, 아침 노래, 사냥 노래를 각각 골라 보자. 대체적으로 이 노래들이 4도 음정(두 음이 생략)의 어떤 특정한 음정으로 시작하고 있음을 알 수 있다. 이것은 소방차와 경찰차가 길을 달릴 때의 음정과 같은데, 무엇인가 촉구하고 행동을 일깨우는 특성을 공통으로 지니고 있고 또 사람들로 하여금 귀를 기울이게 하는 음정 때문이기도 하다. 그와 반대로 3도 음정(하나의 음이 생략)의 경우에는 이런 효과가 없다.

이번 장의 시작 부분에서 제시했던 질문이 있었는데, 우리의 느낌을 어떻게 들을 수 있냐는 질문에 대하여 이제 대답할 수 있다. 느낌은 음악과 언어의 멜로디 속에서 표현되고 있고 우리가 멜로디와 멜로디의 표현을 지각할 수 있기 때문에 우리는 느낌을 들을 수 있다. 그리고 이것은 무엇을 위해 중요한가? 우리는 언어를 발달시킬 수 있게 하기 위해 멜로디의 지각이 필요하다. 그러나 이것이 전부는 아니다. 누군가 이런 표현과 느낌을 지각할 수 없는 사람이 있다면, 그는 자신의 느낌의 세계도 발달시키거나 세분화시킬 수도 없다. 그러나 누군가 항상 음악을 접하고 시를 읽었던 사람은 이에 대한 즐거움이 있을 뿐 아니라 자신의 느낌도 발달시킬 수 있다.

1.3.4.2 보기의 조형감각

우리가 느낌을 볼 수도 있는가? 우선 우리가 대상에 대하여 기뻐하는지 슬퍼하는지 또는 화를 내는지, 물론 표정을 통해 볼 수 있다. 사람의 표정은 설명할 필요 없이 매우 기본적으로 지각할 수 있다. 표정은 직접적으로 알 수 있는 것으로서 문화나 교육과는 상관이 없다. 이는 파울 에크만[7]의 연구에서처럼 최소한 일곱 개의 기본 감정인 슬픔, 화, 놀라움, 두려움, 불쾌, 경멸, 즐거움에 있어서 유효하다. 또한 몸짓언어도 우리에게 느낌을 말해 준다. 어린이들이 어떻게 머리부터 발끝까지 기뻐하는지 아니면 모욕감을 느끼고 있는지를 우리 한번 생각해 보자[8]. 어린이들은 태도의 언어와 몸의 언어로 살고 있다. 또한 우리 어른들도 이런 언어를 매우 무의식적으로 "말하고" 있고 어린이들은 어른들처럼 이것을 지각하며 이해하고 있다.

거울을 놓고 한번 우리의 몇몇 태도를 보거나 다른 사람과 서로 마주 보고 해 보자. 그러면 우리가 왼쪽 어깨로 보면 그의 눈빛이 어떻게 경멸적인지, 오른쪽 어깨로 보면 그가 얼마나 공격적인지, 가슴 앞으로 팔짱을 낀 채로 놓고 볼 때와 어떻게 어긋나게 다른지를 경험하게 된다.

우리가 말하는 언어를 할 때 끊임없이 언어의 멜로디를 통해 우리의 느낌을 전달하고 있는 것처럼 우리는 우리의 몸 언어로 똑같은 일을 하고 있다. 그러나 이것이 전부는 아니다.

---

7) Ekman(2004)

8) Molcho(1998)

색깔의 효과

인상주의 화가 클라우드 모네(1840-1926)의 그림 가운데에는 노란 돛대들이 물에 비치고 있는 두 개의 빨간 배를 볼 수 있다. 그림 속에는 똑같이 노란 돛을 달고 있는 여러 개의 배들이 있음에도 불구하고 이 두 개의 배가 금방 눈에 띈다. 육지는 배경에서 단지 작은 윤곽만 그려져 있다. 엷은 구름이 있는 파란 하늘과, 빨간 배들 주변으로 녹색 물풀로 덮인 파란 물이 각각 그림의 절반을 차지하고 있다. 이 그림을 색깔로만 본다면, 이것은 따뜻하고 화사한 여름날 정오라는 것을 금방 알게 된다. 마치 남쪽 어디에선가의 휴가를 회상하고 있는 듯한 느낌이다. 만일 빨간색의 배와 물에 비친 것을 녹색으로 바꾼다면, 모든 것이 그대로 있고 색만 바뀌었을 뿐인데도 같은 느낌을 갖지는 못할 것이다.[9] 어떻게 이런 일이 있을 수 있을까? 자, 그림에서 우리가 지각하는 분위기는 정말 빨간색과 녹색의 색깔 울림에 의해 나타나는 것이다.

빨간색과 녹색은 서로 효과를 강화시켜 주는 보색일 뿐만 아니라(시각 참조), 서로의 조화가 매우 특정한 느낌의 표현을 갖는다. 색을 바꾸면 느낌의 표현도 다른 것으로 변한다. 우리가 위에서 관찰한 것처럼 우리는 여러 곳에 있는 색의 조형에서 이 같은 효과를 다시 발견하게 된다.

쇼우윈도우에 장식되어 있는 것이나 유행 잡지책을 보자. 우리는 여기에서도 색깔이 어떻게 느낌을 만들어내는지를 보게 될 것이다. 그리고 이렇게 모든 색의 조화에 있어서 우리의 옷도 마찬가지고 집 내부 인테리어도, 유아교육기관의 내부 색도 느낌을 만들어내는 것은 마찬가지다.

형태와 모습의 효과

그렇다면 형태의 언어에 있어서는 어떠한가? 여기에 한 가지 작은 실험을 한번 해 보자.

9) Auer(2007)의 그림에서 따옴

두 장의 직사각형 하얀 종이와 두 개의 검은 선을 마련해 보자. 과제는 각각의 종이 위에 각 한 개의 검은 직선을 놓아 보고 느낌을 표현해 보는 것이다. 가장 좋은 방법은 두 명 내지 여러 명의 사람들과 함께 해 보는 것이다. 물론 혼자서도 해볼 수 있다.

선 실험

과제 : 느낌을 표현해야 하는 두 가지 과제는 :

1. 자신 있고 승리를 확신하며 장소를 고수하기
2. 주저하며 불안하게 상황 주시하기

(해답을 보지 말 것!)

여러 위치를 실험해 볼 수 있기 위해서는 검은 종이로 만든 선을 사용하고 실 못 같은 것으로 하얀 종이 배경 위에 고정시켜 놓는 것이 편할 것이다. 실험을 여러 사람과 한다면, 한 사람이 한 가지의 느낌을 표현하도록 하되, 어느 것에 대한 것인지를 말하지 않도록 한다. 보는 사람들은 어떤 느낌이 선을 통해 표현되었는지를 지각하도록 시도해 본다.

첫 번째 느낌을 표현하게 한 실험 결과, 이 실험에 참여한 모든 집단에서 종이의 가운데 수평으로 놓인 선이 있었다.

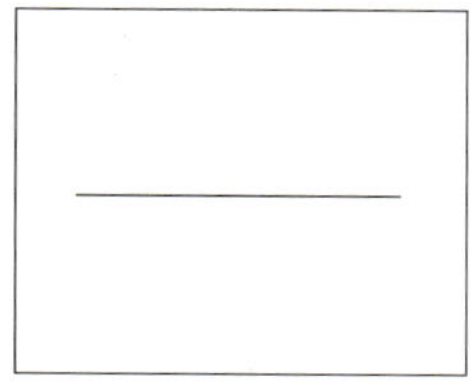
첫 번째 실험

이 표현에 대한 한 가지 공통된 생각은 선이 아마도 "장소를 고수하고 허용하지 않는다."는 것일 수는 있으나 "자신 있고 승리를 확신하지는" 않는다고 했다. 첫 번째의 "자신 있고 승리를 확신하며 장소를 고수하는" 느낌에 대한 해답에 뚜렷하게 적합한 것은 항상 선이 종이 위의 가운데에 직선으로 놓아졌을 때였다. 두 번째의 "주저하며, 불안하게 상황 주시하기"에 대한 느낌의 답은 대부분 그리 찾기 쉽지는 않았다. 비교적 설득력 있는 것으로는 종이 위의 왼쪽에 기울어져 있는 선이었다.

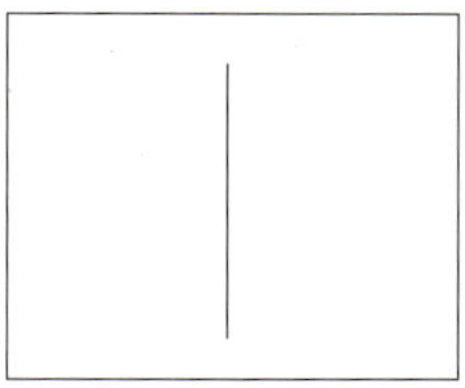
과제 1의 해답 예

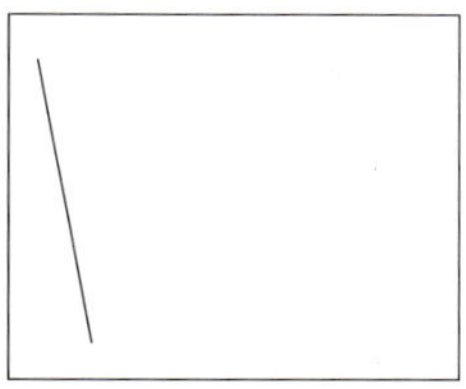
과제 2의 해답 예

두 개의 단순한 선으로 두 가지 전혀 서로 다른 효과를 자아내게 한 것이 놀랍지 않은가? 우리는 이것으로 전혀 다른 느낌도 표현할 수 있다. 그런데 이 경우 본래 이런 느낌 또는 저런 느낌의 영향을 준 것은 선이 아니다. 우선 선의 위치를 통해 생성되는 관계가 바로 그것이다. 물론 똑바른 선이나 굽은 선은 특별한 효과를 줄 것이며 굽은 정도는 또 다른 효과를 나타낼 것이다. 우리가 무엇인가 형태를 나타낼 때 바로 이런 점을 사용하고 있다. 이 실험에서처럼 각 비율과 형태는 원하든 원치 않던 간에 항상 느낌을 표현하고 있다. 그런데 우리가 그것을 항상 의식하고 있는 것은 아니다. 우리가 포스터나 초대장을 만들 때, 그림을 그리거나 책상을 장식하거나 방을 꾸밀 때, 선, 형태 그리고 그 관계는 항상 보는 이가 지각할 수 있게 하는 느낌을 전달하고 있다.

건축의 효과

건축물도 형태의 언어를 말해 주고 있으며, 이로 인해 우리에게 영향을 준다. 이 효과는 정말 강하다. 독재자들이 괜히 특정한 건축을 관리하고 있는 것이 아니다. 사람들에게 영향을 미치고자 하기 때문이다. 물론 모든 건축물은 그 자체의 효과를 지닌다. 두 개의 사례를 보기로 하자.

20세기 초에 지어진 두 개의 전혀 다른 건물의 입구에 대한 것이다.

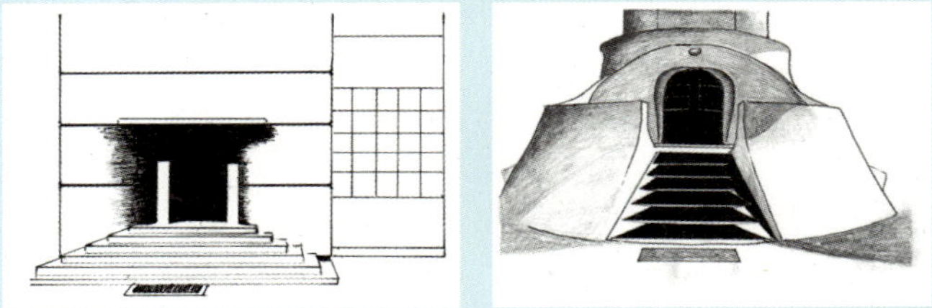

두 개의 건축의 사례 : 입구

한 개의 그림에는 문이 수평선 구조로 첨가되어, 두 개의 직선과 한 개의 수평 지붕이 테두리를 두르고 있다. 이 문은 우리를 초대하지도 다정해 보이지도 않으며, 오히려 거부당하거나 물러나게 하는 효과가 있다. 이 문은 또한 벽에 함몰되어 있으며 우리를 엄격하고 진지하게 대하며 서 있다. 무엇보다 단계별 피라미드처럼 지어진 층계가 그렇다. 두 번째는 전혀 다르다. 여기에서의 문은 높아졌으며 조금 무아지경이기도 하고 층계는 우리를 데리고 올라가는 듯하며 넓어지는 벽으로 우리가 받아들여지고 있다. 발코니와 문은 둥근 형태로 우리를 다정하게 맞이한다. 문에서 받은 인상을 어떤 사람은 이렇게, 어떤 사람은 저렇게 다른 말로 서술할 수도 있다. 그럼에도 불구하고, 그것과 관련하여 다양한 느낌과 연상을 하게 되어 다양한 단어로 표현한다 할지라도 두 개의 문에서 느낀 두 개의 서로 다른 효과를 지각한 것에는 아마도 크게 다르지는 않을 것이다.

똑바른 직각과 둥근 형태는 사람에게 각각 다른 효과를 준다. 물론 내부 공간에서도 마찬가지이다.

이제 어린이들이 유아교육기관에 들어와서 복도를 지나 교실 둔을 통과하거나 다른 공간으로 갈 때 어린이들을 마주 대하게 되는 형태를 한번 탐색해 보자. 그 형태들이 다정하고 환영하는 느낌을 주는지 아니면 차갑고 거부하는 느낌은 주지는 않는지? 어린이들이 원 건물이나 교실에 들어올 때 어떤 인상을 받게 되는지를 우리에게 명확히 해 보자. 우리가 팀을 이루어 이런 인상에 대하여 동의하는지, 이 환경을 어린이들에게 영향을 미치도록 그대로 둘 것인지 서로 이야기를 나누고 물어보자. 우리가 만일 인상을 바꾸고자 한다면, 그에 적절한 형태를 찾아보아야 한다.

이것이 중요한 이유는 어린이들에게 중요하기 때문이다. 어린이들은 함께 하고 있는 사물로 체험하는 것이 중요하며 또 교사의 행동과 공간의 형태는 그 효과면에서 일치되어야 한다. 그리고 공간의 형태 같이 보이는 조형들은 우리 어른들에게서와 마찬가지로 어린이들에게도 느낌의 세계를 양성하는 데 기여하기 때문이다.

디자인

사람들이 사용하는 모든 물건들에는 형태가 있으며, 모두 항상 어떤 느낌을 나타내고 있다. 이런 연유로 우리 주변에는 아주 많은 사물의 디자인들이 있다.

예를 들어 찻주전자 두 개를 테두리를 중심으로 보여 주었다. 이들은 그 효과면에서 마치 성격이 매우 다른 두 사람처럼 전혀 다른 모습을 보이고 있다.

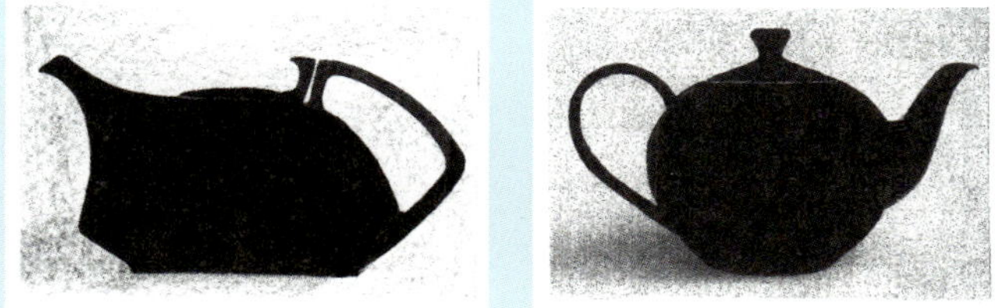

두 개의 찻주전자

한 찻주전자는 편안한 모습을 띠며 풍족하고 조용하며 인내심 있어 보이나 다른 찻주전자는 성급해 보인다. 이 주전자는 사람이 사용할 때까지 기다리지 못한다. 가까운 곳에 있다면, 아마 우리가 찻잔을 가지고 차를 얼른 따라 마셔야 할 것 같은 느낌을 가지게 된다. 이렇게 이 두 찻주전자의 모양이 주는 효과처럼 유사하게 우리는 묘사할 수 있다. 물론 이 두 개의 찻주전자는 어떤 특정한 모양을 분명하게 나타내고 있다. 두 찻주전자의 모양에 대한 묘사가 마음에 드는지 안 드는지는 별로 중요하지 않다. 중요한 것은 이런 모양에 대한 각각의 효과를 누구나 지각한다는 것을 인지하는 것이다. 강조하면, 사물은 디자인을 통해 항상 어떤 특정한 방법으로 우리에게 말을 걸어오며, 이로 인해 우리 안에 특정한 느낌을 불러일으킨다는 것이다. 우리는 각자에게 특별히 다가오는 느낌이 다르기 때문에 또는 각자가 선호하는 모양이 있기에 서로 다른 찻주전자를 골라서 사용하고 있다.

1.3.4.3 접촉의 조형감각

조약돌을 주워 모아 봉지나 주머니에 넣어보자. 그리고서 눈을 감고 한 개의 조약돌을 꺼내 손에 놓고 만져 보자. 돌이 너무 작지는 않지만, 손 안에 잘 들어가서 손 전체로 잡을 수도 있고 손가락으로도 정확하게 만져볼 수 있는 것이라면 좋겠다. 우리가 그 돌의 형태에 대해 정확한 그림을 내면에 형상화할 수 있을 때까지 오랫동안 만져 보자. 그런 다음 눈을 뜨고 눈앞에 보이는 것과 형상화한 그림과 비교해 보자. 어떤가? 우리는 눈을 감고 만져봄으로써 내면에 떠올린 그림과 눈으로 본 것과는 가깝지 않다는 것을 확인하게 된다. 촉감에 의한 그림이 오히려 여러 면에서 더 정확하다. 어떤 작은 홈이나 약하게 오목한 부분은 우리가 전혀 보지 못했을 것이다. 촉각은 그러한 사실을 우리에게 금방 전달한다. 무엇보다도 눈으로는 전혀 해낼 수 없는 돌의 조형적 형태와 넓이를 곧바로 지각하게 해 준다. 미리 보지 않은 돌 하나씩을 각자의 손에 올려놓고 촉감으로 느껴 보는 실험을 물론 집단에서 해볼 수 있다.

결과로 우리는 확인할 수 있다 : 우리는 촉각으로 어떤 사물의 형태와 모양을 매우 정확하게 지각할 수 있다.

형태에서 표현 지각하기

조약돌로만이 아니라 우리 주변에 있는 사물들을 가지고도 가능하다.

이제 다른 사물을 가지고 시도해 보자. 눈을 감고 무엇인가를 나의 손에 놓고 해 보든가, 아니면 다른 사람으로 하여금 손에 놓고 느껴보게 한다. 혹시 우리의 손에 찻주전자가 놓였는지 아니면 병인지 손으로 형태를 만져보자. 천천히 내면에 사물의 그림이 형성되는 동안, 우리가 이러한 방식으로 형태의 언어를 포착할 수 있는지 스스로에게 물어보자. 우리는 여기에서 우아한 곡선의 찻주전자와 딱딱하고 무미건조한 병의 표현을 알아차릴 수 있게 된다.

촉각은 또한 사물의 디자인에 주어진 느낌과도 통한다.

진동과 접촉이 말해 주는 것

촉각에는 느낌을 지각하게 해 주는 또 다른 가능성이 있다. 이에 대하여는 보지도 듣지도 못하는 사람들, 즉 농맹인이 우리에게 가장 잘 알려 줄 수 있다. 가장 잘 알려진 농맹인은 헬렌 켈러(1880-1968)이다. 그녀는 18개월에 매우 심각한 질병으로 시각과 청각에 손상을 입어 똑바로 걷기, 사물을 다루기 등 모든 것을 새로 배워야만 했다. 헬렌은 별도의 조기교육 없이 그냥 가족과 함께 살아야 했지만, 항상 가족과 함께 있을 수 있었고 모든 것에 참여할 수 있었다. 헬렌의 손은 어른의 손에 놓여서 사물의 잡기와 다룸을 동반하였으며 잡는 것과 다루는 것을 만져 보면서 함께 실행했다. 말은 단지 극히 일부만 가능했으며, 의사소통은 거의 불가능했다. 그런데 헬렌이 일곱 살 되던 생일날 새로운 여교사를 만나, 헬렌에게 세상의 말을 열어 주었을 때 비로소 변화가 일어났다. 그렇다 해도 헬렌은 이미 다른 사람들에 대하여 많은 것을 지각하고 있었다. 헬렌은 아주 특별한 사건이 기다리던 날이 어떻게 자신에게 찾아왔는지를 이렇게 회상하고 있다. 이날 헬렌의 엄마는 평소와 전혀 다르게 자신을 씻겨 주었고 옷을 입혔으며 머리를 빗겨 주었다고 한다. 이날 엄마의 접촉은 전혀 달랐으며 헬렌은 집 안에서 사람이 평소와는 전혀 다르게 걸어 다니고 있었다는 것을 지각했다. 헬렌은 어떻게 이를 지각할 수 있었을까? 바로 진동에서 알아차린 것이다. 왜냐하면 사람이 어떻게 걷는가의 특징은 바닥의 진동에 의해 전도되기 때문이다. 헬렌은 엄마와 하녀들의 긴장되고 서두르는 발걸음을 지각한 것이다. 헬렌은 이 모든 것을 지각하였고 문에 가서 누군가를 기다렸다고 한다. 그날은 새로운 여교사가 왔던 날이기에 그녀에게는 매우 특별한 날이었다.

여기에서 우리는 두 가지의 영역을 지각하고 있다. 하나는 누군가 우리를 어떻게 접촉하는지에 대한 특징을, 접촉과 함께 동반된 느낌이 우리에게 무엇인가 말해 주고 있다는 것이다. 물론 우리는 누군가 우리를 부드럽게 또는 거칠게 접촉하고 있는지, 아니면 무성의하게 또는 마음을 담아 접촉하고 있는지를 지각한다. 그리고 또한 진동을 지각한다.

우리 한번 손을 가슴에 대고 몇 개의 음으로 노래를 불러 보자. 우리는 각각의 음이 특별한 진동과 결합되어 있다는 것을 알아차리게 될 것이다. 우리는 말을 하면서도, 개별적인 말 소리와 관련하여 이것을 확인해 볼 수 있다. 우리는 또한 다른 사람에게서도 손을 등이나 가슴에 놓고 진동에서 그가 어떻게 말을 하고 있는지 또는 노래를 부르는지를 지각해 볼 수 있다. 그 가운데 우리는 음량의 강도, 긴밀성, 역동성을 지각할 수 있으며 음의 높이, 리듬 등 언어 멜로디의 전반적인 영역을 지각할 수 있다.

이와 상응한 것을 우리는 누군가 피아노를 연주할 때 피아노의 날개에 기대어서 지각해 본다. 우리는 소리의 울림, 높이, 깊이, 손가락의 접촉 표현까지도 지각하게 된다.

헬렌 켈러도 피아노에 손을 대고, 바이올린을 만지면서 음악을 "들었다". 우리 또한 이 모든 것을 지각할 수 있다. 다만 우리에게는 보고 듣는 것에 의해 감춰져 있을 뿐이다. 또한 가능한 것은 : 다른 사람의 표정과 몸짓도 접촉함으로써 지각할 수 있다.

요약

우리는 보았다 : 보기, 듣기와 접촉하기의 지각 영역에는 다른 사람이 표현한 느낌을 지각하게 해 주는 조형감각 영역이 있다. 듣기에서는 언어와 음악의 멜로디 영역을, 보기에서는 색깔이나 형태의 구성관계에서와 같은 몸짓이나 표정, 모양과 디자인을, 접촉하기에서도 표정과 몸짓, 형태 그리고 접촉과 진동의 특징을 지각할 수 있다. 우리는 확신할 수 있다 : 우리가 만일 지각이라는 가능성을 가지고 있지 못했다면, 그 어느 누구도 우리의 감정을 느낄 수 없었을 것이며 또한 우리가 다른 사람의 느낌에 대하여도 아는 바가 없었을 것이다. 그러나 우리는 다른 사람, 즉 어린이들에게 우리의 감정을 공유하도록 할 수 있다. 이는 다시, 어린이들이 느낌의 폭을 발달시키고 세분화시킬 수 있듯이 언어를 발달시킬 수 있다는 것에 대한 전제조건이 된다. 하나 중요한 사실은 우리가 나중에 다루게 될 '언어와 의사소통 감각'에서 다시 한번 언급된다는 점이다.

조형감각의 핵심단어 :		
	지각 경험 :	청각적 조형(멜로디, 리듬, 소리 형태, 변조(變調)), 시각적 조형(형태, 구성, 색감, 표정, 몸짓, 디자인), 촉감의 조형(입체적인 형태, 표정, 몸짓, 접촉의 특징, 진동)
	어린이는 무엇을 배우는가 :	언어의 첫 단계, 조형 및 표출 지각하기의 세분화, 다른 사람의 느낌 지각, 자기 자신의 느낌 도야

1.3.5 의미감각-감각 11

의미감각으로 우리는 다른 사람의 표현 및 일에 대한 생각의 의미를 지각하고 있다. 이 지각 영역은 또한 듣기 영역에 제한되어 있지는 않다. 우리는 의미를 볼 수도 있고－놀랄만하게도－접촉할 수도 있다. 그래서 여기에서는 의미감각을 듣기, 보기, 접촉하기의 지각 영역에서도 탐색하고 서술해 보도록 하겠다.

1.3.5.1 듣기의 의미감각

말하는 언어에 속하는 것으로서는 멜로디와 느낌 표현도 있고 의미 영역, 사고와 개념 영역도 있다. 예를 들어 누군가 "좋은 아침"이라고 하면, 우리는 억양뿐만 아니라 어떤 사람에게는 즐거움과 의욕을, 또 어떤 사람에게는 우울한 기분을 듣게 될 것이다. 더 정확히 말해 이 두 가지의 경우 "좋은 아침"의 의미와는 무관한 어떤 구체적인 경향에 대한 것을 듣는다. 그리고 우리는 금방 하나의 말이 무엇을 의미하는지, 예를 들어 집, 길, 숲이라는 말이 울리자마자 정확히 알게 된다. 그런데 우리는 그것을 어떻게 알고 있는가? 우리는 그것을 어릴 때 배웠다. 어떻게 진행되는지 한번 살펴보자. '반야'라는 이제 14개월 된 아이는 어떻게 큰 아이들이 "목마"라는 말이 울리는 무엇인가를 말하고 나면 음료수를 받게 되는지를 체험한다. 반야도 그 소리를 따라 하면서 마실 것을 원한다. 나중에 반야는 원래 "목말라"라는 것을 그리고 더 나중에는 이 말을 또 전혀 다른 단어로도 표현할 수 있다는 것을 배우게 된다. 큰 아이들은 이 말을 어른들의 말에서 따라한 것이다.

의미지각 습득하기

우리는 어떻게 말의 의미를 습득하는가? 우리는 그것을 관계성으로부터 배운다. 그것은 특히 Ball(공/무도회/사냥개가 짖는 소리), Rost(녹/쇠창살), Bank(은행/벤치) 등에서와 같은 다양한 의미를 지니는 단어들에서 명확하다. 어떤 Bank를 생각하고 말을 하는지 우리는 관계성으로부터 경험한다. "나는 돈을 찾으러 Bank에 가야만 해"라는 문장에서 Bank가 공원에 있는 벤치의 의미가 아니라는 것을 누구든지 알고 있다.

바로 이것이 초등학교 학생들이 즐겨하고 또 우리 어른들도 즐겨할 수 있는 '동음이의어(同音異議語) 찾아내기'라고 하는 놀이의 근거가 된다. 두세 명의 사람들이 모여 다양한 의미를 지닌 말을 찾아내고, 그 단어를 사용하지 않고 자기네들이 고른 그 말의 의미를 다른 말로 표현하면서 다른 사람들에게 알아맞혀 보도록 하는 것이다. 이 놀이는 양측 모두에게 의미를 다루고 단어들의 어떤 특정한 의미 관계성을 찾는 데 매우 좋은 연습을 하게 한다.

그리고 매우 유사한 놀이로 우리가 서로 교대로 낼 수 있는 '수수께끼 놀이'가 있다. 하나의 수수께끼 문제는 의미를 칭하는 단어를 직접 사용하지 않고 하나의 의미 관계성을 표현한다. 알아맞히는 동안 우리는 찾아야만 하는 의미를 발견하기 위해 포괄적인 의미에서 핵심으로 점점 좁혀 간다.

우리는 언어의 의미 측면에 있어서 모국어에서도 마찬가지로 각각 단어의 의미를 말의 관계성으로부터 지각하면서 배우고 있다. 그것으로부터 우리가 얼마나 많은 것을 배우게 되는지는 우리가 본보기로부터 얼마나 많이 지각하는가에 달려 있다. 언어적인 본보기가 없이는 아무도 언어능력을 발달시킬 수 없다. 그것은 직립보행과도 같아서 다른 사람의 말을 지각하는 것과 지각한 것을 다른 사람과의 상호작용에서 사용할 수 있는 가능성, 그러니까 말을 할 수 있는 기회 이외에 필요한 것은 없다. 설명을 통해 모국어를 습득한 사람은 아무도 없다. 모국어의 문법이나 구문 역시 설명을 통해 배우지 않는다. 그래도 세 살 먹은 아이는 보통 문법적으로 맞게 말을 한다. 그리고 이 아이가 예를 들어 '놓여 있다' 동사(liegen)의 과거형에 있어서 'lag' 대신 'liegte'라고 말의 형태를 잘못 구성한다고 해도 그것은 실수가 아니니까 비판해서는 안 된다. 왜냐하면 어린이는 논리적이었고, 지금까지의 사례들을 놓고 볼 때 맞는 규칙을 구성했기 때문이다. 이 규칙에 예외가 있다는 것은 아이가 이런 예외를 지각할 때 빠르게 배울 것이다.

언어를 통한 지능

우리는 우리가 들은 언어에서 말의 의미뿐만 아니라 문법과 구문의 논리적인 구성도 배운다. 이는 동시에 우리가 언어에서 이를 지각하고 스스로 사용하는 동안 우리 안에 논리적이고 구조적인 능력을 발달시키고 있다는 의미이기도 하다. 따라서 언어가 없이는 논리와 지능의 발달이란 있을 수 없다. 늑대가 키운 아이들의 경우와 극단적으로 방치되었던 아이들의 경우가 그것을 잘 보여주고 있다. 미국의 한 작은 마을에서 20년 전에 갑자기 나타난 소녀는 작고 어두운 방에 갇혀 묶여서 자랐었다. 제니는 단지 죽을 떠 먹여주고 씻겨주었던 아버지의 얼굴만 보았다. 아무도 제니와 말을 하지 않았다. 제니가 맹인인 어머니와 함께 도망 나올 수 있었을 때가 열세 살 정도였다. 제니의 키는 1.28cm 정도밖에 안 되었고 3m 정도의 앞만을 볼 수 있었으며 딱딱한 것을 씹지도 못했고 걸음걸이도 힘겨웠다. 게다가 말을 전혀 할 수 없었다. 제니는 어쩌면 자신을 더 많이 발달시켜 줄 수 있었을지도 모르는 지각을 어떠한 것도 하지 못했다. 사람들은 제니를 발달시켜 주기 위해 모든 수단과 방법을 동원하여, 특히 언어와 관련하여 시도해 보았다. 몇 년이 지났지만, 제니는 한살 반 아이 정도밖에 언어가 발달하지 못했다. 제니는 몇 개 단어의 비슷한 발음구조를 소리 낼 수 있고 바른 자리에 사용할 수 있었다. 그러나 그 이외의 영혼적인 발달은 그냥 그 수준에 머물 뿐이었다. 사람은 언어가 주어지지 않으면 사고와 지능을 발달시킬 수 없다. 그런데 언어 발달의 결손은 현대의 어린이들에게 점점 더 많이 나타나고 있다.

우리는 언어와 사고와의 관계를 잘 알고 있다. 마침내 우리는 사고를 확장하고 발달시키기 위해 책을 읽거나 다른 사람의 말을 듣는다. 그렇지 않다면 그 누구도 강의나 세미나에 가지도 않을 것이며 책을 읽지도 않을 것이다. 또한 우리는 언어와 사고와의 관계를 다른 경험을 통해서도 알고 있다. 우리가 만일 언어로 무엇인가를 구성한다면, 우리에게 그 관계성들은 쉽게 명백해진다. 예를 들어 일기 쓰기가 바로 그렇다. 그리고 우리는 이해했다고 믿는 무엇인가를 다른 사람에게 설명하기 위해 말로 행했을 때 비로소 우리에게 아주 분명해지는 경험을 했을 것이다.

언어적인 그림

언어를 통해 그림도 형성된다. 우리가 언어적 그림을 읽거나 듣는다면, 우리는 문장의 의미뿐만 아니라 그림들이 잘 맞는지도 지각할 수 있다. 예를 들어 '폭포가 돌 위로 찰방거린다'라거나, 또는 '이 거친 폭풍은 나무를 바스락거리게 한다'라고 한다면, 두 가지의 경우 모두 그림과 맞지 않는다. 폭포는 찰방거리지 않고, 바스락거리지도 않기 때문에 폭포가 아니다. 거친 폭풍의 경우에도 유사하다 : 폭풍은 바스락거리게 하지 않는다. 바스락거리게 하는 것은 산들바람이다. 폭풍은 나무를 쏴쏴 소리 내게 한다. 우리는 그림들도 하나의 논리라고 보는데, 가끔 이것은 단 하나의 단어에 달려 있다. 우리는 언어적인 그림의 논리도 의미 감각으로 지각하고 있다.

그림책, 어린이들의 책, 동화책 등을 검토해 보는 일은 가치가 있다. 그림들이 조화로운가? 그림들은 무엇인가? 우리가 직접 우리의 말로 이야기나 동화를 들려준다면, 이것이 우리에게 도움이 될 것이다.

1.3.5.2 보기의 의미감각

우리는 의미와 개념을 볼 수도 있는가? 이를 위해 다음과 같은 실험해 보자 :

우리가 한 팀에서 회의를 하고 있거나 모임에 있다고 하자. 갑자기 일어나서 팔을 뻗어 손가락으로 창문을 가리키거나 또는 열린 문을 가리키고 나서 이 방향으로 눈길을 보내 보자. 결과는 모든 사람이 또는 참여한 사람들의 대부분이 아마도 가리킨 방향을 볼 것인데, 어떤 사람은 일어나기까지 할 것이다. 왜 그럴까? 왜냐하면 그들이 가리킴을 통해 나타내는 그러니까 "저기를 봐!"라는 뜻을 가진 개념을 보았기 때문이다.

가리킴은 하나의 고정된 의미에 대한 몸짓이다. 우리가 어떤 감정을 가지고 가리키든 가리킴의 의미는 항상 알아차리게 된다. 어떤 언어를 가지고 있는 사람이든 간에 모든 사람이 알 수 있다. 영아들은 가리킴을 아직 이해할 수 없다. 10개월 된 영아에게 공을 가리키며 "저기 공이 있네"라고 말하면서 알려주고자 한다면, 영아는 공을 향해 기어가지 않고 우리의 손을 향할 것이다. 가리킴을 이해하기에는 몇 개월이 더 걸리는데, 대략 영아가 말 속에 들어 있는 개념들을 지각하기 시작할 때이다. 가리킴이 무엇을 의미하는지는 아무에게도 설명해 줄 필요가 없다. 누구나 볼 수 있기 때문이다. 그런데 우리가 거기 서서 계속 가리키길 원하지 않는다면, 벽에 화살표를 하나 그려 놓는다. 왜냐하면 그것은 같은 것을 말해 주기 때문이며, 이것 또한 누구나 별 설명 없이도 이해하고 있다. 6세 어린이에게도 마찬가지다.

보이는 언어 : 손짓, 판토마임, 몸짓언어

의미감각에 있어서 우리는 더 이상 느낌의 측면에서가 아니라 사고적인 표현, 개념, 의미를 전달하는 차원에서 움직이고 있다. 물론 여기에는 단지 가리킴보다 더 많은 가능성이 있다.

동료들과 함께 또는 다른 사람들의 집단과 일정 시간 동안 단지 손짓으로만 서로 의사소통하는 시도를 한번 해 보자. 말하기는 허락되지 않아야 한다. 얼마만큼 우리가 할 수 있을까? 너무 일찍 포기하지는 말자! 왜냐하면 우리가 오랫동안 시도하면 할수록, 우리에게 더 좋은 아이디어가 떠오르기 때문이다. 거기에 몸짓도 첨가된다면, 우리는 거의 모든 것을 표현할 수 있을 것이다.

판토마임의 표현에서 우리는 매우 중요한 무엇인가를 관찰할 수 있다. 우리가 만일 판토마임을 하면서 바나나를 손에 들고 있다 생각하고 껍질을 벗긴다면, 손놀림과 움직임은 이에 상응해야 하는데, 다시 말해 몸짓이 정말 손에 바나나가 있는 것처럼 해야 한다. 하나의 움직임이 잘못 되면, 우리는 그것을 금방 볼 수 있다. 물론 누구나 다음의 경험을 해 봐서 잘 알고 있을 것이다 : 누군가 수작업이라든지 또는 집안일과 같은 생활 작업을 수행하고 있는 사람을 우리가 보고 있는데, 갑자기 어? 그렇게 하면 안 되는데 하는 인상을 받는다. 아직 그 작업이 다 끝내지 않았는데도 우리는 취급방법이나 움직임이 맞는지 맞지 않는지를 보게 된다. 왜 그럴까? 왜냐하면 생활 작업에서 행해지는 움직임이 제대로 되고 있는지, 아닌지를 우리가 지각할 수 있는 어떤 지켜져야 할 논리성 때문이다. 어떤 특별한 손짓의 형태와 무언극적인 움직임은 귀에 들리지 않는 몸짓언어다. 이들은 확실한 근거가 있는 언어이며 말처럼 동등한 정당성을 가진다. 이들을 모국어로 배우게 된다면, 심지어 보통은 말을 할 때 작용하고 있는 뇌의 같은 위치에서 이해되고 있다. 연구 결과에 따르면, 어린이들에게 있어서 언어 발달은 말해지는 언어 외에도 몸짓과 같은 것을 동반하여 사용할 때 더 장려되며 촉진된다고 한다.

그림과 상징을 이해하기

상징과 그림들은 의미를 가시화한다. 화살표가 여기에 속하며, 그 외에도 파도, 달, 번개 등의 상징도 있다. 무엇보다 중요한 것은 오늘날 우리가 기차역, 공항, 박람회를 통해 알고 있는 국제통용기호가 있는데, 예를 들어 불꽃 앞에서 도망가는 모습의 그림이 있다. 이런 기호들은 어떤 의미를 볼 수 있게 하는데, 이 경우 일반적으로 우리가 말로는 '비상구'라고 하는 의미를 전달하고 있으며, 이는 국제적으로 다른 언어로도 번역될 수 있다. 국제통용기호의 그림언어는 굳이 통역할 필요가 없다.

그림들도 같은 원리로 유효하다. 우리는 한번 빈센트 반 고흐가 그린 그림처럼 갈대로 짠 단순한 의자 그림을 떠올려 보자. 그리고 더 나아가 먹다 남은 빵이 담긴 구겨진 종이 봉투가 의자 위에 놓여 있다고 생각해 보자. 우리가 이 그림을 본다면, 같은 의자 위에 여행 안내책과 카메라가 놓인 것과는 전혀 다르게 이 사물들의 조화 속에서 어떤 특정한 의미를 보게 될 것이다. 정물화 속에는 이와 같은 사례가 셀 수 없이 많다. 그림책도 역시 무궁무진하다. 상징과 그림들은 우리가 의미를 지각할 수 있도록 전달하는 가능성이 된다.

사물 인식하기

우리가 의자를 의자로서 지각하는 것처럼 사물을 사물로서 지각하는 것은 그것에 토대가 되는 생각과 의미를 지각하는 것이다. 그것이 아마 놀랍게 여겨질 수도 있는데, 사물을 인식할 수 없는 처지에 놓인 한 남자의 경우가 잘 보여준다. 올리버 작스라는 사람은 이미 앞에서 언급한 책에 자신에 대하여 설명하고 있다. 어느 음악가에 대한 이야기이다. 그는 자신의 학생들로부터 사랑을 받고 있으나 사람들은 그를 약간 기이하게 여기고 있다. 왜냐하면 그는 가끔 시내 소화전 옆에 서서 마치 어린 아이의 머리인 것처럼 쓰다듬고 있거나 조각품에게 이야기하고 있기 때문이다. 결국 그는 신경과 전문의를 찾아가서 진찰을 받는다. 진찰이 끝나고 신발을 신으려고 하는데, 신발이 바로 자신의 발 옆에 있는데도 신발을 찾지 못하였고 또 모자를 잡으려 하다가 손으로 잡아 올릴 수가 없어 놀래기도 하였다. 그가 잡은 것은 모자가 아니라 자기 부인의 머리였다. 또 이런 일도 있었다. 집으로 손님이 찾아와서 부인이 그를 불렀을 때, 그는 거실로 들어가 스탠드 시계 앞으로 가서 인사를 청하였고 손님(즉, 스탠드 시계)이 그에게 아무런 말을 하지 않자 실망하기도 하였다. 정확한 진단 결과에 의하면, 그는 색깔과 형태가 있는 것은 모두 보고 묘사할 수 있으나 사물과 사람을 구별하지 못하고 읽기도 할 수 없다. 이러한 장애를 시각인지불능증이라고 한다. 이 장애가 존재한다는 사실을 통해 분명한 것은 사물의 지각이 의미지각의 영역에 속한다는 사실이다. 그리고 이 의미지각은 다른 보기(시각)의 지각 영역이 손상되지 않았어도 장애가 생길 수 있다는 것이다.

1.3.5.3 접촉의 의미감각

접촉을 하면서도 의미를 지각할 수 있는데, 예를 들어 사물의 의미를 접촉을 통해 알 수 있다는 것을 한 가지 실험을 해 보면서 알아보자.

잡동사니가 들어 있는 한 상자가 있다면, 그것을 가져다 열기 전에 눈을 감고, 어떤 것을 손으로 잡아 보거나 손 위에 올려놓고 그것이 무엇인지를 알아맞혀 보도록 해 보자. 얼마나 오래 걸리는가는 그 물건이 얼마나 크며 얼마나 잘 알려져 있는가에 달려 있다. 우리가 잘 알고 있는 물건을 손에 올려놓고 만져보면, 2초 안에 금방 맞힐 수 있다. 우리는 이것을 집단으로 해볼 수 있다. 모두에게 눈을 감고 손으로 만져 볼 수 있도록 사물을 나누어준다. 여기어서도 마찬가지로 사물이 잘 알려진 것일수록 금방 맞히게 된다. 만일 우리가 한 번도 그것을 접해 븐 적이 없는 것이라도 가끔 알아맞히기도 하는데, 그 이유는 만져보기를 통해 사물의 기능을 알아낼 수 있기 때문이다.

우리는 이것을 어린아이였을 때 주변에서 사물을 접하거나 놀이를 통해 매우 쉽게 배운다. 결과적으로 우리는 개개의 사물을 어떻게 올바르게 다루고, 취급해야 하는지를 배우게 되는 것이다. 누구라도 돌리는 병마개를 항상 열고 닫기를 해볼 수 있다면, 마침내 올바른 취급방법을 배우게 된다. 그리고 성공적으로 해낼 수 있기 위해서도 이런 경험은 필요하다. 어린 아이들의 경우 처음에는 손 전체를 사용하여 시도해 본다. 손가락 서너 개로 병마개 잡는 법을 배울 수 있을 때까지는 얼마간의 시간이 걸리며, 올바른 취급은 접촉의 의미지각의 일부에 속한다고 할 수 있다. 우리는 눈을 감고 사물을 알아맞히기 게임을 할 때, 그 사물에 맞는 취급방법을 사용해 보았던 적이 있으면, 재빨리 정답에 도달할 수 있다는 점을 관찰할 수 있다. 6, 7세 된 어린이들 중에는 아직 그것을 할 수 없는 아이들도 있다. 연구 조사에 의하면 이런 어린이들은 보통 언어 발달도 지체되어 있는 것으로 알려져 있다.[10)]

접촉의 언어

언어 발달을 위한 촉감의 의미에 대하여 우리는 맹아나 농맹아로부터 많은 것을 배울 수 있다. 농맹아를 양육하며 학교교육도 하고 있는 러시아의 사고르스크 보육원에서의 경험은 접촉과 관련하여 큰 의미가 있다.[11)] 사고르스크 보육원에서는 어린이들과 청소년들이 수화 사용이 가능하도록 하기 위해 아주 특별한 방법을 개발한 바 있다. 우선 농맹아의 경우 우리처럼 세 개의 감각 영역을 사용할 수 없기 때문에 촉감만으로 언어를 발달시켜야 한다는 점을 명확히 할 필요가 있다. 사고르스크가 경험한 바와 같이 의미지각 영역의 다른 경험이 특별한 기호언어에 우선시된다는 사실은 매우 중요하다. 어린이들은 우선 다른 사람의 행동과 몸짓, 표정 등과 마찬가지로 사물을 만져보면서 익히는 것부터 배워야만

10) Kiese-Himmel(2001)

11) Meescerjakov(2001)

했다. 어린이들은 스스로 수작업이나 집안일을 해야 했고, 조형적인 그림을 만지면서 그리고 사물을 직접 모조하면서 배워야 했다. 우선 이런 분야에서 경험을 하고 나서야 특수한 기호언어 수업을 시작할 수 있었다. 이는 자연스러운 발달에서도 같은 원리가 작용하고 있다는 점에서 흥미롭다. 왜냐하면 우리는 먼저 말하기를 배우고 나서 움직임과 사물과의 접촉을 하는 것이 아니라, 그 반대로 움직임과 사물과의 접촉이 먼저 있고 나서 말을 배우기 때문이다. 움직임과 사물을 다루는 것은 언어에 앞서고, 언어의 지속적인 발달에 동반된다. 여기에서 의미지각 경험이 얼마나 중요한지 또한 접촉의 영역이 얼마나 중요한지 볼 수 있고 들을 수 있는 어린이들에게까지 언어 발달이 가능해질 수 있다는 사실은 분명하다.

요약

언어란 한편으로는 우리가 조형감각으로 지각하고 있는 조형과 느낌의 표현으로 이루어진다. 다른 한편으로는 의미, 우리가 사용하고 있는 개념, 사고, 논리적 구조로 이루어진다. 우리는 이미 언어의 두 번째 부분, 즉 의미감각이 듣기와 보기, 접촉과 관련이 있는 감각 영역이라는 점을 살펴보았다. 우리는 어린 시절에 언어 발달이 이루어질 수 있도록 이러한 감각 영역을 세 가지 감각 분야에서 많은 경험을 했어야만 했다. 우리는 들으면서 언어적 의미, 관계성, 그림을 체험하고 또한 우리 스스로 언어로 표현할 수 있을 때 이러한 경험을 하게 된다. 보기를 할 때에는 우리의 의미지각을 요구하고 촉진하는 사물들과 마찬가지로, 몸짓과 손짓, 몸짓의 움직임, 작업 행위, 상징, 그림을 경험한다. 접촉을 할 때에는 사물들을 다루는 법, 조형적인 모상, 모든 실제적인 작업을 경험한다. 이러한 지각 영역 덕분에 우리는 다른 사람의 사고를 어느 정도 경험할 수 있고 어린이들에게 있어서는 이 부분이 매우 중요하다. 지각 영역은 어린이가 모국어를 배우기 위해서 뿐만 아니라 모방의 대상과 그 표현으로부터 자신의 생각, 지능, 논리를 발달시키기 위해 필요로 하기 때문이다.

의미감각의 핵심단어 :		
	지각 경험 :	듣기 분야에서의 의미지각(단어, 문장, 언어적 그림), 보기 분야에서의 의미지각(몸짓과 손짓, 판토마임, 몸짓언어, 실제적인 작업 행위, 상징/국제통용기호, 그림, 사물), 접촉 분야에서의 의미지각(몸짓과 손짓, 작업 행위, 몸짓언어, 그림, 상징, 사물)
	어린이는 무엇을 배우는가 :	언어의 두 번째 단계인 의미 파악(숙어), 다른 사람의 표현에서 생각/논리 지각(문장 체계, 사고적 구조), 보기와 접촉을 하면서 과정과 행동을 지각하는 지능과 자신만의 생각, 논리성, 지능 발달

1.3.6 스타일감각-감각 12

스타일감각이란 모든 사람들이 각자 가지고 있는 자기만의 모습인 개인적인 특색을 지각하고, 이를 통해 다른 사람의 개인성의 일부를 접할 수 있게 하는 감각 영역을 일컫는다. 이 감각 영역은 또한 듣기, 보기, 접촉의 지각 분야 전반에도 펼쳐져 있다.

1.3.6.1 듣기의 스타일감각

전화벨이 울린다. 전화를 받는다. 상대편은 자기 이름을 밝히지 않고 말을 한다. 목소리로 그 사람이 티노라는 것을 금방 알 수 있다. 이렇게 우리는 몇 년이 지나도 아니 몇 십 년이 지나도 상대방을 알아 볼 수 있다.

목소리란 모든 사람을 구별하게 하는 개인성의 유일한 표현이다. 말을 하는 형태나 언어적인 스타일 방법은 개인적인 특색을 지닌다. 누군가 어떤 작가의 책에 대하여 어느 정도 알고 있다면, 그 사람이 지은 다른 책에서도 그 사람의 스타일을 발견할 수 있다. 이는 음악 분야에서도 마찬가지다. 누군가 모차르트나 밥 딜런의 음악에 조금 친숙하다면, 아직 잘 모르고 있는 이들의 다른 음악도 누구의 것인지 쉽게 구별할 수 있다.

우리가 집단에서 가능한 비슷한 주제를 가지고 쓰인 두 작가의 짧은 텍스트를 읽어주고 나서 청취자들로 하여금 각 작가의 특성과 성향을 묘사하도록 한다면, 이것은 재미있고 수준 있는 공부가 될 것이다.

우리가 글로부터 글쓴이의 개인성을 경험할 수 있는 것은 항상 놀라운 일이다.

1.3.6.2 보기의 스타일감각

우리는 창밖을 내다본다. 그리고 멀리서 어떤 사람이 걸어오는 것을 본다. 우리는 아직 그 사람의 얼굴을 볼 수 없다. 그러나 걸음걸이에서 그가 누구인지를 금방 인식한다. 걸음걸이뿐만 아니라 손의 움직임이나 자세는 그 사람이 누구인지를 "은밀히 알려 준다."

우리가 다른 사람으로 하여금 걸어가는 사람 역할을 하게 하고, 그 사람 뒤를 따라 걸으면서 똑같이 걸어보는 일은 좋은 연습이 된다. 그것은 아마도 매우 어려울 것이며, 된다 하더라도 완전하지 못한 정도로만 가능할 것이다.

누구나 다 자신만의 고유한 개인적인 움직임의 스타일을 가지고 있다. 그런 스타일은 움직임 자체에서뿐만 아니라, 글씨나 화가의 그리기 스타일에서와 같은 움직임의 흔적에서도 찾아볼 수 있다. 이렇게 움직임의 흔적도 그 사람의 개인성에 대하여 말해 주나 더 나아가 일상생활 영역에도 볼 수 있다. 우리는 우리의 움직임에서 개인적인 스타일을 지니고 있을 뿐 아니라 행동이나 작업에도 지니고 있다. 아마도 모든 사람이 다음과 같은 점을 잘 알고 있을 것이다 : 우리는 누군가 식탁을 차리거나 부엌에서 일하는 사람을 바라보면서 우리가 한다면 그 일을 아주 다르게 할 수 있다는 사실을 알 수 있다. 맞다. 왜냐하면 누구나 자기 스타일에 따라 조금씩 다르게 하기 때문이다. 우린 이것을 개인성이라 표현한다. 이때 우리가 지각하는 감각 분야는 스타일감각인데, 이것은 장애가 생길 수 있어서 얼굴을 알아보는 능력이 없는 것으로 나타나며, 이러한 장애를 프로소파그노지(Prosopagnosie)라고 한다. 요즘은 어린이들에게서도 이러한 징후가 자주 나타나기 시작했다.[12)]

1.3.6.3 접촉의 스타일감각

헬렌 켈러는 자신을 만지는 사람이 언제 엄마인지, 언제 선생님인지, 또 언제 하인이었는지를 분명히 알고 있었다. 어린이들도 마찬가지로 지각하고 있다. 우리 어른들도 물론 마찬가지이지만 단지 우리의 주의가 대부분 다른 곳을 향하고 있을 뿐이다. 우리는 어떤 긴밀도로 접촉이 일어나는지를 잘 느끼고 있다. 그리

12) Thomas Grüter, Schau mir in die Augen, Kleiner! In : Ghirn und Geist, 4/2007, S. 14-18

고 나면 친구나 다른 사람을 발걸음 소리로도 알아차린다. 이때의 소리는 촉감과 연관되는 바닥의 떨림이 동반된다. 촉감만 느낄 수 있는 사람이 떨림과 같은 것에서 특정한 사람을 알아차리게 되는 것이다. 그리고 발걸음에서뿐만 아니라, 예를 들어 바이올린을 연주하는 사람이 누구인지도 알아차릴 수 있다.

요약

아시다시피 우리는 우리를 숨길 수 없다. 우리는 항상 보이고 들려지며 만져지고 무엇인가 대가를 주고 있다. 움직임 하나하나가 우리의 개인성에 대한 무엇인가를 "드러낸다." 누구든 스타일감각을 가지고 있다면, 이 점을 지각할 수 있다. 다시 말해 어린이들은 우리가 무엇을 하든, 어떻게 보이든 모든 것에서 우리의 개인성을 지각하고 있다. 그것은 좋은 일이다. 왜냐하면 어린이들은 이러한 관계에서도 우리의 개인성을 지각하면서 자신의 개인성을 발달시킬 수 있는 모범으로서 우리를 필요로 하기 때문이다.

스타일감각의 핵심단어 :		
	지각 경험 :	목소리, 말투, 문체, 작곡 스타일, 움직임 스타일, 글씨체, 접촉의 특성, 떨림의 특성
	어린이는 무엇을 배우는가 :	개인성이 드러나는 가능성의 다양함, 다른 사람의 개인성 지각, 자신의 개인성 도야

2. 언어와 의사소통 감각

의사소통감각에 대한 연구 결과를 요약해 보자. 첫 번째 중요한 결과는 : 들을 수 있는 말하는 언어만 있는 것이 아니라 보여주는 언어가 있고 촉감에 접근되는 언어가 있다. 두 번째 결과는 : 언어는 두 가지 지각 차원이 있는데, 하나는 조형감각(다른 사람이 드러내는 감정과 표현의 지각)의 차원이고 또 하나는 의미감각(다른 사람이 드러내는 작품과 사고의 의미 지각)의 차원이다. 이는 들을 수 있고 볼 수 있으며 접촉할 수 있는 언어에 있어서도 같은 정도로 유효하다. 언어 지각의 차원들은 의사소통적인 감각의 결합 체계에 삽입될 수 있다. 이것을 우리는 다음에 일목요연하게 할 수 있다.

2.1 의사소통 감각에 대한 이해

1	청각 음향적 지각	시각 시각적 지각	촉각 촉감의 지각
2	듣기에 있어서의 조형감각 언어/음악에서의 멜로디	보기에 있어서의 조형감각 몸짓, 예술적인 구성작품	접촉에 있어서의 조형감각 접촉, 떨림, 조소
3	듣기에 있어서의 의미감각 단어의 뜻, 문법	보기에 있어서의 의미감각 몸짓과 손짓, 심볼, 그림	접촉에 있어서의 의미감각 사물, 행위
4	듣기에 있어서의 스타일감각 말투, 문체	보기에 있어서의 스타일감각 움직임스타일, 그림스타일	접촉에 있어서의 스타일감각 접촉/떨림의 스타일

의사소통적인 감각은 세 가지 지각 영역, 즉 듣기, 보기, 접촉의 지각 영역으로 나누어진다. 각각의 지각 영역은 네 가지 차원을 내포한다. 듣기 영역에서는 청각의 첫 번째 차원이 만들어지는데, 우리는 이를 가지고 소리, 울림, 음을 지각한다. 두 번째 차원은 조형감각, 세 번째 차원은 의미감각, 네 번째 차원은 스타일

감각이 있다. 보기와 접촉에 있어서의 지각 영역도 똑같은 차원으로 구성된다. 우리는 항상 첫 번째 차원에서는 물질적인 세계의(음향적, 시각적, 촉감적) 지각을, 두 번째 차원에서는 조형의 지각을, 세 번째와 네 번째 차원에서는 의미와 스타일의 지각을 가지고 있다. 우리는 언어를 각각의 차원에 따라 조형감각으로(2번째 차원) 그리고 의미감각(3번째 차원)으로 지각한다. 물론 우리는 음향적으로 울리지 않거나 또는 광학적으로, 촉감으로 지각할 수 없는 언어는 들을 수 없다. 언어를 경험할 수 있기 위해서는 첫 번째 차원에 놓여 있는 청각, 시각, 촉각을 가지고 하는 지각이 있어야 한다. 또한 항상 언어적으로 개별적인 인간이 표현되고 그것은 개별적인 스타일을 보여주는데, 개별적인 스타일은 스타일감각(4번째 차원)으로 지각한다. 그래서 이렇게 말하는 것이 옳다 : 언어지각에는 모든 의사소통적인 감각이 참여한다.

이러한 협소한 의미로서의 언어와 달리 언어적인 성격을 지니는 또 다른 인간적 표현의 형태가 많이 있다. 우리는 이미 앞 장에서 많은 것들을 다루었다 : 음악, 그림, 몸짓 춤, 디자인, 생활 작업 등은 다른 사람들에게 표현하는 인간의 가능성을 확장한다. 운동감각과 관련하여 우리는 자립성과 생활의 안전을 위해 자신을 표현하는 능력이 얼마나 중요한가를 분명히 해둔 바 있다. 더 나아가 : 언어습득은 우리가 모범인에게서 다른 전달의 형태들을 지각하는 것에 속한다. 말을 하면서 손짓이나 몸짓을 사용할 때 어린이들이 말을 배우는 데 도움을 줄 수 있다는 사실을 이미 언급한 바 있다.

의사소통적인 감각들을 요약해 보자면, 다음과 같은 관계성들이 생각난다. 듣기의 지각 영역(표를 보라)을 살펴보자. 그것은 네 개의 차원으로 이루어진다 : 1. 음향적 지각, 2. 언어적 그리고 음악적 조형과 이들의 표현 지각, 3. 의미와 논리적 구조의 지각 그리고 4. 자신을 나타내는 개인성의 표현으로서의 스타일이 그것이다. 보기와 접촉의 지각 영역에서도 마찬가지이다. 우리는 이것을 각각 조사해 보았다.

이러한 단계들은 상호 의존적이다. 누군가 음향적인 분야(1번째 차원)에서 세분화된 지각능력이 없다면, 그는 소리 분야(2번째 차원)에서 어려움이 있어, 예를 들어 Nagel(못)과 Nadel(손톱)을 구별할 수 없을 것이다. 이럴 때 누군가 소리를 구별하고 멜로디의 차이를 지각하고자 노력한다면, 스스로 개별적인 개념을 지각할 수 있다 하여도(3번째 차원) 하나의 말을 이해하기 위한 관련성이 그에게 결여되어 있다. 보기와 접촉에 있어서도 의존성은 마찬가지다. 다시 말해, 차원들은 서로 만들어진다. 두 번째로 듣기, 보기, 접촉에서 같은 차원들 간에도 관계가 있으며 이들은 서로 촉진하면서 지지한다. 어린이들이 조형과 의미 영역에 있어서 접촉의 경험을 한다면, 말의 발달을 돕는다. 사고르스크의 경험들은 얼마나 이런 관련성이 중요한지를 보여준다. 몸짓이나 손짓을 의사소통에 사용하게 될 때 언어 발달을 위해 얼마나 유용한지 우리는 이미 언급한 바 있다.

귀결점은 다음과 같다 : 우리가 어린이들의 언어 발달을 촉진하고자 한다면, 우리는 첫 6년 동안 어린이들이 들을 수 있는 언어뿐만 아니라 의사소통적 감각의 모든 분야에 있어서 풍부한 경험을 할 수 있도록 돌보아야만 한다. 그리고 어린이들에게 언어능력과 언어 발달에 있어서 개별적으로 약한 부분이 관찰된다면, 우리가 이웃 영역, 즉 보기와 접촉에 상응되는 영역을 돕는 것이 가장 좋다. 우리가 어느 정도의 시간 동안 접촉을 하게 하거나 판토마임과 몸짓으로 의사소통한다면 어린이에게 좋을 수 있다. 그러나 이를 위한 전제조건으로 개개의 약함의 원인을 알고 있어야만 한다. 원인은 대부분 아래의 차원이나 또는 이웃 영역에 놓여 있을 때가 많다. 이 책의 실제 부분에서 개별적인 영역, 지각 영역에 대한 안내가 있을 것이다.

3. 감각의 통합

우리는 감각에 대하여 연구하고 알기 위해 감각을 하나하나 고립시켜야만 했다. 그것은 실제에서 전혀 있을 수 없는 인위적인 상황이다. 삶에서는 여러 개의 감각 지각이 동시에 이루어진다. 이것을 하나의 상황으로 분명히 해 보자.

우리는 자전거를 타고 시골길을 간다. 시간을 잠시 내어 우리가 지각하는 모든 것에 대해 생각해 보자. 우리는 자전거 핸들을 보며 우리의 손을 보고 꽃이 피어 있는 초원을 보며, 그 뒤의 나무와 파란 하늘을 본다. 우리는 꽃향기를 맡으며 어디선가 베어진 풀 향기를 맡는다. 등, 머리, 팔에서 따뜻한 햇볕을 지각한다. 우리는 자전거 바퀴 소리를 듣고 바람 소리를 들으며 동행자의 말을 듣는다. 동행자는 초원의 향기에 대하여 말을 하고, 그것이 얼마나 좋은지에 대하여도 말을 한다. 동시에 안장의 압박을 느끼고 손 안의 손잡이를 느끼며 신발과 바지 끝단을 다리에 느끼고 상체에 바람을 느낀다. 우리는 우리의 움직임을 지각하고 몸의 긴장과 균형 상황을 지각한다. 그리고 우리는 생명감각 덕분에 아직 쉬지 않고 더 자전거를 탈 수 있다는 것을 알고 있다.

여기에 차례로 언급한 지각들은 모두 실제로 같은 순간에 일어나며 서로 귀속된다. 왜냐하면 그 어느 것도 아닌 바로 이 상황에 속하기 때문이다. 우리가 만일 자전거에서 내려 벤치에 앉았다 하더라도 그 상황에서의 지각을 했을 것이다. 우리는 실제를 모든 감각을 통해 동시에 경험한다. 우리는 초원의 향기만을 다른 지각없이 지각할 수는 없다. 단 하나의 감각만을 지각하는 상황은 없다. 신체감각 하나만으로도 끊임없이 하나의 지각을 하면서 다른 여러 지각이 동반된다.

어린이들은 첫 6년 동안 지각을 통해 실제에 대한 그림을 만들고 있는 상황에 있다. 그 다음에 그들이 만든 상에 따라 행동을 한다. 우리가 어린이들을 위해 개별적인 지각을 고립시켜 제시한다면, 우리는 어린이들에게 어려움을 준비하는 것이다. 왜냐하면 어린이들은 전혀 실제가 아닌 것을 실제로 체험하게 되기 때문이다. 전자 미디어의 경우 바로 그것이 문제다. 전자 미디어는 이 연령의 어린이들에게 속하지 않는다. 만일 우리가 어린이들에게 감각 길을 만들어 개별적인 감각 경험을 고립시켜서 하게 한다면, 그리고 예를 들어 작은 병에 넣어진 여러 가지 향을 지각하도록 한다면, 또는 상자마다 여러 가지 물건을 넣어 만져보게 한다면 역시 마찬가지다. 그것은 실제의 상이 벌써 확실히 만들어진 우리 어른들이나 큰 아동들이 연습을 하거나 확인하기 위해서나 필요하다. 유아교육기관의 어린이는 실제가 필요하다. 어린이는 만지며 느끼는 것을 볼 수 있어야 하고 냄새나는 것을 볼 수 있어야 한다. 향기는 병에서 나는 것이 아니고 풀이나 꽃에서 나타나는 것이다. 우리는 어린이들의 감각을 발달시키기 위해 실제의 복합적인 삶의 상황을 찾는 것이 중요하다. 우리가 삶으로부터 더 많은 것을 유아교육기관으로 들여온다면 어린이들이 실제에 대한 그림을 더 쉽게 찾을 수 있다.

4. 교육학적 관점 : 6세까지의 놀이하기와 배우기의 3단계

학령기 이전의 어린이들은 우리 어른들과는 전혀 다르게 세상을 대하고 있다. 어린이들은 우리와는 전혀 다르게 보고 듣고 놀이하며 배운다. 우리가 이 연령대의 어린이들을 가르치고자 한다면, 우리는 우리 자신을 그리고 우리가 선호하는 것이나 조건들을 제쳐두어야만 한다. 첫 6년 동안에는 어린이들이 발달과 학습을 위해 필요로 하는 독자적인 조건들이 지배하고 있기 때문이다. 그것이 무엇인지 다시 한번 여기에 명확히 해 보자.

어린이들은 배우고자 하는 동기가 높다. 만일 그렇지 않다면 그 이유가 어린이들에게 있지는 않을 것이다. 지칠 줄 모르고 어린이들은 몰두하고 있으며 또 하고 또 하기 위해 무엇이든 실험해 본다. 어린이가 처음으로 일어나기를 시도하여 안정감 있게 걷기까지 그리고 목표에 도달하기까지 쉬지 않고 행하면서 얼마나 많은 실패들이 있었는지를 한번 생각해 보자.우리는 이것을 어린이들에게 권해서는 안 된다. 어린이들에게 필요로 하는 것은 그들이 받아들이거나 모방할 수 있는 사례나 본보기다. 왜냐하면 어린이들은 아직은 어떻게 해야 하는지 모르기 때문이다. 이 연령의 어린이들에게는 그들의 학습에 방향을 부여해 주는 본보기가 필요하다. 본보기가 없이 서기와 말하기가 이루어지지 않는다는 사실은 이와 관련된 내용에서 이미 다루었다.

두 번째로 어린이들은 모든 것을 실험해 보고 놀이하며 반복할 수 있는 자유로운 공간, 시간, 기회가 필요하다. 이는 주변 환경이 그것을 가능하게 해 주고 무엇인가를 실험해 볼 수 있는 것이어야 한다는 것을 의미한다. 거기에는 무엇인가 해도 되는 다양하며 자극을 주는 환경이 속한다. 또한 어른들이 어린이를 끊임없이 흥분시키거나 학습 프로그램으로 강요하지 않는 것이 속한다. 중요한 것은 함축적인 것이지 학교에서와 같이 명시적인 학습이어서는 안 된다. 왜냐하면 세 번째, 어린이들은 이 연령에서 본래 스스로를 가르칠 수 있기 때문이다.[13] 여기에 어린이들은 자신들의 감각으로 그리고 스스로 온몸으로 할 수 있는 분명한 경험을 필요로 하고 세상 안으로 들어와 무엇인가 변화시키고, 때로는 망가뜨릴 수도 있어야 한다. 만져보고 다루고 변화시킬 수 없이 단순히 보는 것만으로는 충분치 않다.

그렇다고 우리가 이 연령의 어린이에게 아무것도 가르쳐서는 안 된다고 오해해서는 안 된다. 물론 어린이는 제한선 지키는 법을 배워야 하고 사회적 행동을 배워야 하며 기본생활습관 등을 배워야 한다. 그러나 어떻게? 제한선의 예를 한 번 들어 보자. 우리가 어린이에게 제한선이 어디에 있는지, 더구나 그것이 왜 있는지를 설명하고, 매번 제한선을 지켜야 한다고 주장하는 것은 소용이 없다. 효과적인 것은 단지 우리가 제한선을 두되, 중요하고 의미 있는 것이며 필요할 때마다 똑같은 것일 때이다. 그리고서 어린이들에게 이러한 제한선을 가지고 스스로 경험을 해 보도록 맡겨둔다. 어린이들은 매우 빨리 우리가 어떻게 이 제한선을 여기는지를 알아차리고 스스로를 가르치며 그들의 행동을 거기에 맞춘다. 어린이는 사회 행동과 실생활 등을 습득할 때 이런 식으로 행동한다.

태어나면서부터 6년이 끝날 때까지의 전체 기간 동안을 위해 아까 언급한 조건은 유효하다. 어린이들의 능력은 이 시기 동안 우리가 꼭 염두에 두어야 할 것에 의해서 큰 변화가 일어난다. 거기에는 3단계의 분명한 차이가 있다. 이 단계를 꼭 염두에 두어야 하는 데 세 개의 예를 들어 보겠다.

---

13) Schäfer(2003)

만 3세인 푸리더라는 아이는 아침에 등원하면, 그네(아이는 그네를 헬리콥터라고 상상함)에 앉아서 몸을 움직이며 헬리콥터를 타고 집 위로 날아간다. 그러면서 푸리더는 자기가 보는 것을 모두 세어 본다. 중간에 헬리콥터를 멈추고 룸피(개)를 싣고 함께 날아가기 시작한다. 이러한 놀이는 얼마동안 지속된다. 그러다 갑자기 그네를 멈춘다. 놀이는 아무런 코멘트 없이 끝나버리고, 이제는 책에 몰두를 하거나 바닥에 놓여 있는 자동차에 관심을 둔다. 그 자동차가 꼭 진짜 자동차가 아니어도 나무토막이라도 그렇게 한다. 그 애가 재빨리 화물차라고 하면, 그것은 곧 화물차가 된다. 어제는 똑같은 나무토막이 전화기였다. 율리아라는 1세 반 된 여자 아이는 푸리더의 자동차를 곧잘 빼앗아 간다. 푸리더를 화나게 하려고 하는 것이 아니라, 단지 그 연령의 놀이가 다르기 때문이다. 푸리더는 어느 사이 그것을 알아차리고 방해를 받지 않으려고 한다. 또는 율리아에게 나무토막들이 담겨있는 바구니를 그냥 준다. 그러면 율리아는 바구니를 뒤엎고, 다시 주워 담고, 다시 엎고를 계속 한다. 소꿉놀이 영역에서 달그락 소리가 나면, 율리아는 하던 것을 그대로 두고 그쪽으로 가서 맨 아래 놀잇감들을 다 끄집어낸다. 오래된 부엌도구를 줄로 잡아당기다가 그대로 둔다. 왜냐하면 율리아의 눈은 벌써 다른 것을 보기 때문이다.

놀이에 있어서 이 두 아이에게 얼마나 큰 차이가 있는가. 첫 1, 2년 동안에서의 놀이란 : 경험하는 것이다. 어린이는 재료와 사물들을 익힌다. 어린이는 어떤 물건을 엎었을 때 쏟아진다는 것을 경험한다. 그리고 그 가운데 다양하게 소리가 나는 것과 중요한 물리적 경험을 한다. 손에 잡히는 대로 접근해야만 하고 꼭 신체적인 경험이어야만 하며 모든 것은 실험되어지고 반복된다. 그리고 무엇을 선택하고 무엇을 배우는가? 항상 지금 여기에서 보는 것, 듣는 것이다. 아직은 온전히 지각하고 있으며, 외적인 동기에 의해 조정된다. 만 3, 4세 정도가 되면 이제 더 이상 동기가 그렇게 결정적이지 않다. 이 어린이들은 많은 것을 못 본척 한다. 왜냐하면 이제 판타지가 놀이를 결정하기 때문이다. 판타지는 무엇 앞에서도 멈추지 않는다. 상상하면서 전체의 삶이 마치 재상영하는 것처럼 행한다. 여기에서도 놀이는 반복된다. 이것이 중요한 이유는 반복을 통해 경험이 견고해지기 때문이다. 만 5세가 되면, 어린이들의 놀이에 또 한번 변화가 생기는데, 이번에는 현실적으로 된다.

만 5세인 아이 레오는 소꿉놀이 영역에서 교사를 식사에 초대했다. 교사가 도착했을 때 작은 탁자에는 인형놀이 그릇들로 차려져 있었다. 이 "마치 ~하는 것처럼" 놀이는 아주 완벽했다. 만져질 수 없는 것은 판타지로 보완되었다. 그리고 교사가 차를 원했을 때 빠르게 필요한 것이 주어졌다. 심지어 우유와 설탕까지 스스로 생각해 내었다.

이제 이 어린이들은 정확하게 필요한 것을 떠올리고 행동을 그에 맞출 수 있다. 놀이가 헬리콥터와 관련이 있다면, 실제로 돌아가는 프로펠러가 필요하다. 프로펠러를 찾으러 다니거나 나뭇가지로 만들어서 사용한다. 이 연령의 어린이들은 놀이를 계획하는데, 더욱이 여러 날 동안 계획하기도 한다. 그리고 놀이가 6년 동안 변화하는 것처럼 세상에 대한 관계성도 변화하여 학습도 달라진다. 만일 어린이들의 이러한 감각 발달을 지원해 준다면, 당연히 우리는 이 발달 단계의 특별함을 고려해야만 한다.

5. 현장을 위한 제안 : 상황, 활동, 놀이

우리가 유아교육기관에서 어린이들의 감각 발달을 위해 무엇을 할 수 있는가에 대하여 다음에 기술한다면, 제안으로서 생각한 것이다. 목록이 포괄적이라 하더라도 완벽한 카탈로그는 아니다. 왜냐하면 유아교육기관의 어린이들이 무엇을 필요로 하는지 그리고 기관에서는 무엇이 가능한지에 따라서 구체적인 조처를 취하는 것이 중요하기 때문이다. 그래서 조언들과 예들을 자유롭게 다루기로 하겠다. 우리 유아교육기관과 우리 반을 위해 이것 또는 저것을 선택한다면 그에 맞게 변경하기로 하자. 그리고 잊지 말도록 하자 : 적고 단순한 것으로 많은 것을 해낼 수 있다. 가장 좋은 것은 우리 스스로 연습 상황이나 놀이를 개발해 보는 것이다. 왜냐하면 아마도 우리는 잘 알고 있을 것이다 : 어린이들에게 가장 효과적인 것은 지금 우리 어른들이 몰두하고 있는 바로 그것이라는 점을 그래서 익숙한 것은 항상 다시 숙고하고 새로운 것을 취하는 것이 좋다.

자신만의 아이디어를 계발하고 적용함에 있어서 제안들을 또 한번 상기시키며, 다음 사항들이 중요함을 일러둔다 :

- 감각들을 고립시켜서는 안 된다. 실제는 단지 하나의 감각 영역으로만 이루어지지 않는다.
- 그리고 연습이 훈련이 되어서는 안 된다. 생후 6년까지는 함축적인 학습이 유효하다.
- 다시 말해 어린이들은 삶과의 관계성을 필요로 한다.
- 가장 효과적인 활동(제공)은 어린이들이 스스로 택하고 하나의 의미를 지닌 활동으로서 유아교육기관의 일상에 실제로 유용한 것이다.

현장을 위한 예들은 감각들에 따라 정리하였고, 각각의 감각 영역은 세 가지 관점에서 분류하였다.

- **상황/시설** – 여기에서는 적절한 감각 영역의 경험들이 가능하도록 건물과 시설 또는 사물에 있어서 실내와 실외에 무엇이 필요한지에 대하여 열거한다.
- **활동** – 여기에는 어린이다운 놀이의 특별한 활동들이 언급되는데, 어린이들이 모방하거나 함께 해볼 수 있는 어른들의 활동들도 있다.
- **놀이** – 여기에는 움직임의 놀이, 알아맞히는 놀이, 만져보는 놀이 등의 다양한 놀이들이 제시되는데, 이들은 각각 상응하는 감각 영역과 직접적인 관계를 지닌다.

실제적인 제안들의 목록이 감각에 따라 서로 길이가 다른 이유는 그때마다 감각 영역에 따른 것이다. 모든 감각 영역에서 다 특별한 조처와 놀이가 거리낌 없이 개발될 수 있는 것은 아니다.

또 하나의 힌트 : 조형감각, 의미감각, 스타일감각의 세 감각 영역은 여기에 하나의 독자적인 감각 영역으로 제시하지 않고 듣기, 보기, 만져보기에 각각 편입시켰다. 이 감각 영역들은 당연히 듣기, 보기, 만져보기와 연계되어서만 발달될 수 있기 때문에 이렇게 하는 것이 실제 부분에 있어서는 의미가 있다.

5.1 신체감각

5.1.1 촉감–감각 1

상황/시설

- 휴식 영역 – 이 영역은 꼭 구석에 있어야 한다. 층계 밑이나 다락방 같은 것이 가장 좋다. 그 이유는 쉬는 영역의 안쪽 공간이 작아야 하기 때문이며 높은 천

장이 아니어야 하기 때문이다. 또 너무 밝지 않은 어떤 동굴 같은 것이 있다면 좋은데, 어린이들은 혼자서 또는 둘이서 들어갈 수 있는 굴이 자기 신체보다 약간 커서 자신의 신체 경계를 가깝게 경험할 수 있는 곳을 잘 찾기 때문이다. 휴식 영역은 어린이들이 교실에 무슨 일이 일어나는지를 관찰할 수 있는 곳에 놓는 것이 적절하다.

• 상자와 커다란 마분지 상자 – 그 안에서 어린이들이 집처럼 꾸밀 수 있는 것. 상자는 옆으로 뉘어놓으면 세 개의 벽이 있고 바닥이 있으며 천장이 있는데, 열고 닫을 문도 있을 수 있다. 유아교육기관의 작은 아이들은 이런 형태를 좋아한다. 아이들은 이불과 베개를 가지고 들어가곤 하는데 때론 인형놀이 그릇들을 가지고 가서 정말 작은 집처럼 놀이를 한다.

• 상자와 마분지 상자 또는 대야들 – 그 안에서 어린이들이 혼자 또는 둘이 앉아 있을 수 있는 것으로서 유아교육기관에서 대부분의 어린아이들은 그 안에 들어가 앉아 있거나 책을 보곤 한다. 또는 여러 개의 대야들을 늘어놓고 앉아 기차놀이를 하기도 하고 미끄럼을 타며 내려오기도 한다. 대야나 상자는 어린이들에게 지지감을 주는데 무엇보다 아주 꽉 끼게 들어가 있을 때 그렇다.

좁으면 좁을수록 편안하다

• 상자, 목욕통 또는 카스타니아(못먹는 밤)가 들어 있는 커다란 바구니 – 그 안에 들어가 어린이들이 제대로 누울 수 있으며 목욕도 하고 카스타니아로 덮을 수 있는 것. 그런 '목욕통'은

코르크나 도토리 또는 작은 공으로도 채울 수 있다. 자연물의 경우 부분에 대한 지각이 똑같지 않다는 큰 장점이 있다. 왜냐하면 카스타니아, 땅콩 또는 도토리 등이 모두 각각 다른 형태를 지니고 있기 때문이다. 그런 카스타니아 목욕통은 자기 자신의 경계에 대하여 어려움이 있는 어린이들에게 자신의 몸을 강화하는 데 도움을 준다. 효과면에 있어서 그 안에 넣는 것들은 물렁하지 않아 눌려지지 않고 어린이들이 안에 들어가서 움직일 때 비켜나지기만 하는 것이 좋다. 어린이들이 피부 위에 각각의 카스타니아로부터의 압박을 느끼게 됨으로써 같은 순간에 신체표면의 여러 곳을 지각하게 된다. 그럼에도 불구하고 욕조 안은 편안하다.

- 보자기들 – 그 안에서 어린이들이 머리부터 발까지 감싸질 수 있는 것. 어떤 어린이들은 자신의 표피를 강하게 하기 위해 때때로 그런 것을 찾는다. 보자기는 면천으로 된 것이어야 하며 정전기가 일어나는 화학섬유여서는 안 된다. 크기는 대략 120×200cm 정도다. 색깔이 있다면 좋다. 어떤 어린이는 바닥에 누워 뒹굴면서 스스로를 감싼다. 또는 다른 아이들이나 어른들이 말아주기도 한다.

- 카펫 – 말기 위한 것으로 가끔 어떤 어린이는 이것이 필요하다. 다른 아이들도 역시 마찬가지이며 그렇게 해도 된다. 그러나 어느 어린이라도 두려움을 가지고 있다면 곧바로 멈추어 억지로 하지 않도록 조심해야 한다. 왜냐하면 카펫 두루마리 안에서의 경험은 천으로 마는 것과는 달리 강하기 때문이다. 카펫은 모든 어린이가 다 견디지는 못할 만큼 좁아진다.

- 덮을 수 있는 모래주머니 – 이것도 중요한 체험이다. 한 어린이를 카펫 위에 눕혀 얼굴만 제외하고 온몸을 모래주머니로 덮어준다. 여기에서도 역시 신체 표피를 강하게 체험하기 위한 것이다. 카펫에 둘둘 말리는 것과는 달리 여기에서는 좁은 느낌이 생기지 않는다. 모래주머니의 무게는 대부분의 어린이들이

쾌감으로서 체험하게 되는 몸에 가벼운 압박 효과를 준다. – 모래주머니에 대하여 : 15×15cm나 15×20cm 정도의 크기가 적당하며 마른 모래를 1/2에서 2/3 정도 채운다. 물론 천과 바느질은 모래가 새어나오지 않도록 촘촘해야 한다. 이런 모래주머니는 다양하게 사용된다. 예를 들어 던지기 같이 다른 기회에 사용되는 모래주머니는 이것보다 반절 정도의 크기면 된다.

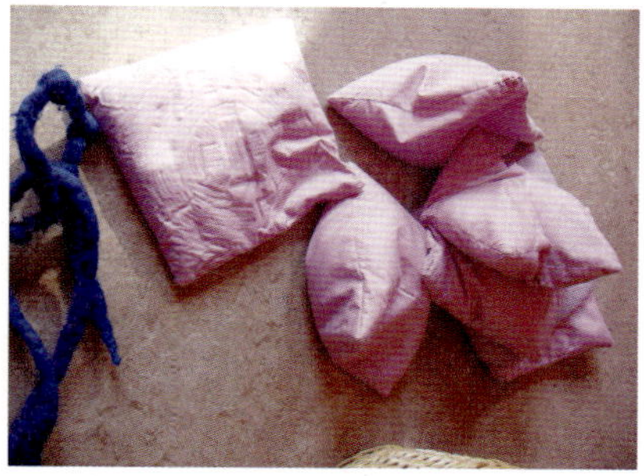
모래주머니는 다양하게 사용될 수 있다

- 모래상자 – 모든 연령의 어린이들은 바깥놀이터에 커다란 모래상자가 필요하다. 어린이들이 무릎을 꿇거나 쪼그리고 앉거나 손으로 파거나 하는 모래 영역에서의 놀이는 모래를 자기 위로 뿌려지게 하더라도 항상 자신과 접촉하게 한다. 그 어떤 물질도 모래처럼 유연한 것은 없다. 유연한 모래는 자신의 몸 표면을 풍부하게 지각할 수 있도록 해 준다.

- 터널 – 끝에 커다란 모래상자나 잔디밭이 있도록 설치하고 그 안을 숨거나 기어서 통과할 수 있도록 한다. 또한 어린이들이 그 위를 기어 올라가거나 위에 올라타고 있을 수 있고 아래로 미끄럼 타고 내려올 수도 있다.

안과 밖 사이의 놀이

- 오두막집이나 동굴 – 바깥놀이터에 어린이들이 자신들을 보호하고 거류할 수 있는 작은 집이나 동굴 같은 것이 있으면 좋다. 그것은 어린이들을 강하게 해 준다. 어린이들은 보호된 안의 공간에서 얼마 동안 북적거리는 바깥을 내다보거나, 안과 밖 사이의 놀이에 창문을 사용할 수도 있다.

• 물 영역 – 유아교육기관의 바깥놀이터에 물 영역이 있으면 훌륭하다. 그러나 어린이들이, 예를 들어 물을 통에 담거나 쏟고, 손이나 발에 물을 붓고 물을 가로 막거나 질퍽한 흙장난 등을 하면서 물을 가지고 놀 수 있어야 한다. 사람은 물을 통해 자신의 몸 표면을 전혀 다르게 체험하게 된다. 물놀이 영역이 따로 없다면, 커다란 통이나 작은 통들에 물을 채워 제공할 수 있다.

• 상이한 바닥 – 바깥놀이터의 시설은 가능한 다양한 물질을 제공하도록 주의를 기울여야 한다. 길은 항상 편편해서만은 안 된다. 편편한 길옆에는 포장석, 자갈, 나무껍질이나 모래가 있으면 좋다. 그러면 어린이들이 맨발로 걸으면서 서로 다른 지각을 할 수 있게 된다.

활동

• 모래에 파묻기 – 중요한 체험 하나는 모래에 묻히는 것이다. 많은 사람들이 바닷가 모래밭에서 이런 체험을 해서 알고 있을 것이다. 이는 큰 아이들을 위한 것으로서 어린이의 동의가 있어야만 행해질 수 있다. 함지박을 묻어 놓고 어린이를 그 안에 눕게 하고 머리는 가장자리에 있게 한다. 그리고 천천히 다리부터 시작하여 몸에까지 모래를 붓는다. 머리는 항상 바깥에 있게 한다. 누군가 팔을 몸에 대고 미라처럼 모래에 묻혀 견딜 수 있다면, 아마도 이후에는 온전히 자신과 함께 할 수 있을 것이다.

• 흙장난하기 – 더러워진 옷 때문에 혼나지만 않는다면 이것은 어린이들에게 자연적인 향유이다. 왜냐하면 흙장난은 어린이들이 당연히 할 수 있기 때문이다. 흙장난할 때의 흙에는 흙과 물을 섞고 모래 또는 길가의 섬세한 자갈 그리고 다른 물질이 들어간다. 흙장난은 어린이들이 손으로 젓고 주무르는 행동이 허락되어야만 한다. 그렇지 않으면 아무런 체험을 할 수 없다. 흙장난은 모래와는 전혀 다르게 유연하다. 주무르기를 할 때 진흙이 손가락 사이를 삐집고 나온다 – 재밌다! 진흙이 마르면 피부를 당긴다. 그것을 다시 적실 수 있고 또는 벗겨지게 할 수도 있다. 두 가지 모두 신체 경계에 대한 재미있는 체험을 가져다준다.

흙장난

• 반죽 주무르기 – 유아교육기관에서 빵을 굽게 될 때 아무쪼록 규칙적으로 빵 굽기를 할 수 있다면, 어린이들은 돕기 위해 반죽을 휘젓고 마지막엔 힘 있게 주무른다. 이때 어린이들은 축축한 반죽이 어떻게 손가락에 붙는지, 밀가루가 피부 위에 어떻게 느껴지는지 그리고 마른 반죽을 어떻게 잘 누르고 주무를 수 있는지 체험할 수 있다. 여기에서 중요한 것은 요즘 어린이들이 빵이나 식빵이 어떻게 만들어지는지를 체험한다는 것이다.

• 펠팅 – 이 활동은 재미있고 다양한 촉감의 지각뿐만 아니라 좋은 체험을 가져다준다. 비누로 매끄럽게 젖은 양모 솜을 손으로 누르고 굴리고 펼친다. 그러면서 우리는 어린이들과 함께 공이나 동물 같은 작은 것들을 만들 수 있을 뿐만 아니라 공동으로 카페트까지도 펠팅할 수 있다.

공동의 펠팅

• 언덕 구르기 – 이것은 자신의 신체 경계를 지각하는 데 좋다. 게다가 재미있기까지 하다. 언덕 구르기를 하도록 어린이들을 격려하고 용기를 북돋워줘야 한다. 바깥놀이터에 언덕이 없다면, 여름에 산책갈 때 작은 언덕에서 얼마간 머물 수 있도록 한다.

• 맨발로 걷기 – 어린이들이 가능한 자주 해야 한다. 왜냐하면 모난 신발을 신고는 어린이들이 자신들의 발을 익히기 어렵기 때문이다. 어린이들은 실내에서 맨발로 걸으며 나무 바닥 또는 PVC 바닥, 카펫의 다름을 체험하고, 발로 얼마나 많은 모래와 흙이 바깥으로부터 안으로 들여오는지를 지각한다. 여름엔 어린이들이 자주 바깥에서 맨발로 풀밭, 모래밭을 다녀볼 수 있고 자갈이나 잘게 썰어진 나뭇조각들 등의 위를 걸을 수 있다. 그러면 발의 고유지각은 더욱 다양해진다.

• 발로 잡기 – 우리가 어린이들과 함께 맨발로 바닥에 있는 물건을 집어 올리는 연습을 한다면, 어린이들은 발의 지각을 더욱더 잘 촉진할 수 있다. 자유놀이가 끝나고 얼마 정도의 시간 동안은 발로 정리하기를 할 수도 있으며, 아마도 우리는 어린이들이 얼마나 능숙해지는지 볼 수 있을 것이다. 우리도 마찬가지다.

무엇인가의 아래로 기어가기

• 무엇인가의 아래로 기어가기 – 어떤 어린이들은 이것을 기꺼이 하고 싶어 하고, 어떤 어린이들은 생후 초기에 제대로 하지 못해서 지금이라도 얼른 해야만 한다. 기기는 바닥에 몸 전체를 닿게 하는 중요한 일이다. 우리는 어린이들과 함께 의자, 탁자, 긴의자를 가지고 어린이들이 여러 번 기어서 아주 좁은 곳까지도 통과할 수 있도록 교실이나 복도에 장애물 코스를 만들어 줄 수 있다. 그리고 혹시 모든 어린이들이 바

닥을 구불구불 움직이는 뱀이나 물고기가 되는 날들도 있을 것이며, 심지어 어떤 날에는 교실이나 정원을 기어서 오는 날도 있을 것이다. 물론 정원이나 숲에서도 기는 기회를 가져본다.

놀이

- 테니스공 마사지 – 테니스공을 가지고 어린이의 등, 다리, 팔 위로 굴려 몸을 마사지해 준다. 공은 접촉을 무난하게 해 준다. 공은 어린이에게 접촉되는 신체 부분을 분명히 지각하게 하고, 이것을 통해 접촉 부분을 위치화할 수 있는 능력을 촉진해 준다. 이 마사지놀이는 어린이들이 병원이나 의사 놀이를 할 때 첨가하면 좋다.

- 굽기 놀이 – 어린이는 바닥에 엎드려 눕고 등은 밀가루반죽이 되어 제빵사가 충분히 잘 반죽한다. 그리고서 반죽을 편편하게 누르고 잘 길어 펼친다. 끝으로 케이크나 피자 토핑을 한다. 그것을 우리는 실컷 맛보고 즐기며 어린이들에게는 향유의 준비가 된다. 이제 토마토소스를 바르고 소시지를 편편하게 얹어 누르며 토마토 조각과 올리브를 올리고 기타 여러 가지 원하는 것들을 올리며 항상 매 토핑마다 그에 맞는 접촉을 한다. 양념까지도 어린이들이 느낄 수 있어야 한다. 이제 피자가 완성되면 오븐에 밀어 넣는다. 그러면 다음 어린이 차례가 된다.

- 일기예보 – 굽기 놀이와 비슷한 것으로서 날씨를 묘사하면서 행하는 놀이다. 어린이가 바닥에 또는 상체를 어른의 무릎에 엎드려 있게 하고, 우리는 현실의 날씨에 대하여 보고를 한다. 어린이의 등 위에는 다양한 접촉이 전개된다. 바람은 부드럽게 쓰다듬어 주고, 점점 강해지며 끝으로 비가 오기 시작한다. 먼저 비가 한두 방울씩 떨어지고 나서 점점 더 오다가(손가락), 쏟아진다(손바닥). 그리고 물이 폭풍 속에서 흘러내린다. 그리고서 태양이 나와 모든 것을

마르게 한다(모든 것을 등으로부터 다시 쓸어 없애거나 잡아당긴다). 우리는 여기에서도 피자나 빵 굽기에서와 마찬가지로 자연스럽게 접촉의 체험이 필요한 어린이에게 무엇이 필요한지, 그에 따라 이것이나 저것을 더 강하게 해줄 수 있으며 시간적으로 더 늘리거나 어떤 것은 뺄 수도 있다.

바닥에 납작하게 엎드려 쉬기

• 바닥에 납작 엎드리기 – 우리가 만일 어린이들과 함께 장애물코스나 다른 놀이를 했거나 하여 빨리 많은 움직임을 했다면, 모두 바닥에 납작하게 누워 쉬는 것이 좋다. 전신의 접촉을 통해 어린이들은 빨리 자신으로 돌아오고 고요해진다.

• 손 접촉놀이 – 이 놀이는 아주 어린아이들에게 매우 적절하다. 어린이를 어른 앞에 서게 한다. 그리고 어린이의 한 손바닥을 위로 하여 나의 한 손 위에 올려놓는다. 다른 한 손으로는 매 시 구절마다 어린이의 손뼉을 가볍게 쳐주고, 한 시구가 끝날 때마다 다음 시구를 이어가기 위해 손을 치우고 다시 다음 시구를 손뼉을 치며 반복한다. 운율은 다음과 같다 :

은화가 하나 있네,
시장에 가서
암소 한 마리 사렴
송아지도 함께
송아지는 꼬리가 있네
디델디델덴첸

마지막 시구에서는 손바닥 위를 손가락으로 간지럽힌다.

• 스킨십놀이 – 어린이를 어른 앞에 등이 보이도록 서게 하거나 어른 무릎 위에

앉힌다. 그리고 다음의 시구를 읊으며 어린이의 등을 어루만져준다.

곰이 오더니 층계를 올라가네	주먹으로 어린이 등 위에서 올라가게 한다.
생쥐가 오더니 집안으로 휙 들어가네	손가락으로 어린이 등 위에서 올라가게 한다. 목이나 팔까지
모기가 오더니 다리 위를 날아가네	등 위에서 손가락으로 뛰기를 한다. 머리를 넘어 이쪽 어깨에서 저쪽 어깨로
벼룩이 오더니 요렇게 하네	손을 높이 뛰게 한다. 귓불을 잡아당긴다.

어린아이의 경우 어른과 아이가 마주 보게 무릎에 앉혀서 다리나 팔 위로 해 준다.

- 족욕놀이 – 커다란 대야에 따뜻한 물을 넣고 어린이의 발을 씻게 한다. 어린이들은 의자에 앉아 발이 대야의 바닥에 닿을 수 있게 한다. 대야는 보통 대야가 아니라 그 안 바닥에 여러 가지 물건들, 즉 돌, 조개, 솔 등이 들어 있어서 발목욕은 더욱 흥미진진해진다. 어린이는 다양한 물건을 접촉할 때마다 발로 다른 체험을 하게 된다. 발은 어른이 솔로 문질러주고 물기를 닦아주며 비벼주고 가볍게 오일을 바른다. 이는 발과 다리에 매우 기능적이지만 긴밀한 접촉의 체험들이다.

족욕

5.1.2 생명감각 - 감각 2

상황/시설

• 공동의 식사 시간 – 식사와 관련해서 유아교육기관에서의 어린이들은 아직 도움과 지지가 필요하다. 매일 같은 시간에 이루어지는 공동의 아침식사는 최고의 효과가 있다. 입이 짧은 아이라도 공동의 시간 내에 자기의 그릇을 비울 수 있게 된다. 혼자 먹는 것은 억지로 한 시간 동안을 견뎌야 해서 고통스럽다. 생명감각은 학교에 갈 때까지 평안함을 체험할 수 있도록 식사와 같이 규칙적인 습관을 지키는 것이 필요하나, 이것은 식탁을 예쁘게 꾸며놓고 공동의 아침식사 시간에 모두 함께 식사를 시작하고 끝마치는 것으로 이루어진다. 식사 시간에는 다른 일이 동시에 이루어지지 않아야 하며 식사 외에는 아무것도 안 하는 것이 제일 좋다.

• 리듬적인 변화 – 하루 일과를 힘든 일과 휴식, 빽빽함과 느슨함을 리듬적으로 교대한다면, 생명감각이 다양한 행위의 효과를 증진시키기 위한 민감성을 발달시켜줄 수 있다. 유아교육기관의 하루 일과가 그런 리듬들의 변화로 이루어지면 좋다. 우리는 또한 날뛰며 노는 어린이에게 우리가 발견한 곤충이나 특별한 꽃을 보여주면서 특정한 상황에서 긴장을 이완시킬 수도 있다. 날뛰기에는 긴밀하게 관찰할 때 생기는 집중의 균형이 필요하다.

• 산책과 나들이(트레킹) – 어린이들이 한 구간의 길을 간다는 것이 무슨 뜻인지 체험할 수 있도록 우리는 어린이들과 함께 가능한 한 규칙적으로 산책이나 작

은 나들이를 가야 한다. 산책이나 나들이 중 어린이들은 힘들지만 그래도 해낼 수 있다는 경험을 하게 된다. 목표가 유용하다면 힘든 후에 만족스러움, 즉 기쁨이 생긴다. 길이 교통에 의해 또는 다른 것에 의해 자연에 도달할 때까지 어려움이 있다면, 어린이들이 두 명씩 양편에서 잡을 수 있는 매듭이 지어진 긴 줄을 사용할 수 있다. 그러면 반 전체가 '끈'으로 연결된다. 큰 아이들의 경우 나들이를 늘릴 수 있다면 규칙적으로 하게 하는 것이 좋다.

• 숲의 날 – 이날은 한 주 중 특정한 날이어야 하며, 어떤 날씨든 숲으로 갈 수 있어야 한다. 이유인즉슨 어떤 날씨든 적절한 옷과 장비를 갖추고서 하면 된다는 체험을 함으로써 어린이들에게 저항능력이 생기기 때문이다. 모든 어린이는 너무 더워질 것을 대비하여 우비나 스웨터를 넣기 위한 작은 배낭을 메고 간다. 공구, 로프, 앉기 위한 깔개, 커다란 방수 커버, 물통과 아침거리는 마차에 싣는다. 목표점은 항상 같은 곳으로 하여 어린이들이 재빨리 놀이를 할 수 있게 한다. 또한 우리나 어린이들이 만들어 놓은 것을 다시 찾을 수도 있다. 나뭇가지로 만든 오두막은 나뭇잎으로 속을 채워서 다양한 놀이를 할 수 있다. 어린이들이 점심 때쯤 돌아오면 만족스럽고 자랑스러워질 것이다.

활동

• 자기행동 – 어린이들 스스로 많은 것을 할 수 있도록 놓아두자. 우리는 어린이들이 스스로 가져올 수 있는 것을 가져다주면서 쉽게 도우려고 한다. 우리가 어린이들의 시중을 들고 그들로부터 경험의 가능성을 앗아가는 것은 위험하다. 어린이들이 할 수 있는 것이라면 무엇이든 스스로 하도록 놓아두자. 다시 말해 : 정리정돈, 식탁 차리기 또는 치우기, 청소하기 등에 어린이들이 함께 협력하도록 하자는 것이다. 또한 땅을 파거나 모래를 삽질할 때에도 어린이들이 도울 수 있다.

힘든 일은 재미있다

• 힘이 드는 일 – 우리는 어린이들에게 너무 부담이 갈 때에만 일을 덜어주어야 한다. 어린이들은 실험해 보고 싶어 하고 자신의 힘이 어디까지 가능한지 알고 싶어 하며 또 그럴 수 있어야만 한다. 때론 무거운 것을, 예를 들어 숲에 가는 날 놀잇감 상자나 수레를 들거나 밀거나 또는 끌어당겨야 할 때가 있다면 좋은 일이다.

• 움직임 – 모든 움직임은 우리 몸의 힘에 의해 일어난다. 어린이들은 많이 움직이고 있는데, 이럴 때 또한 자신의 생명감각으로 많은 지각을 하고 있으며, 이런 저런 움직임을 할 때와 힘이 드는 일을 하거나 쉴 때 자신의 신체 상태가 어떻게 변하는지를 경험하게 된다. 이런 지각을 통해 생명감각은 점점 더 섬세해지고 세분화해서 지각하는 법을 배우게 되는 것이다.

• 오름 봉 – 큰 아이들에게는 하나나 여러 개의 잘 고정된 오름 봉이 바깥놀이터에 있다면 참 좋다. 봉은 너무 가늘지 않아야 한다(지름 6~7cm). 너무 가늘면 접촉면이 적기 때문이다. 봉 오르기를 하면서 어린이들은 자신들의 움직임의 조합을 연습하게 되는데, 무엇보다도 힘과 끈기를 연습한다.

꼭대기에 도착

놀이

- 택시놀이 – 만일 바깥 놀이터에 여유가 있다면, 큰 아이들이 어린아이들을 위해 '택시교통'을 만들어 줄 수 있다. 큰 아이들이 어린아이들이 가고자 하는 곳에 데려다 줄 수 있고 택시를 태워 한 바퀴나 여러 바퀴를 돌아 줄 수도 있다. 택시는 어린이용 손수레, 수레, 또는 짐차나 상자가 달린 세발자전거도 가능하다. 택시기사는 운전을 하며 손님의 무게를 경험하고, 무게에 따라 얼마나 서로 다르게 힘이 드는가도 체험하게 된다. 어떤 때는 자신의 힘이 한계에 달해 휴식이 필요하기도 하다.

- 말타기 놀이 – 두 어린이들이 곧잘 노는 것은 말과 말타기 놀이이다. 한 어린이는 말이고 또 한 어린이는 줄을 잡고 말을 이끈다. 말을 위한 끈이나 고삐는 말의 팔 밑으로 가슴을 묶을 수 있는 가는 밧줄로 삼을 수 있다. 이때 매듭은 말 앞으로 가게 한다. 매듭은 줄을 잡아당겼을 때 너무 좁지 않도록 단단히 고정시킨다. 그리고 줄 끝은 팔 밑에서 뒤로 가게 해서 말을 타는 아이의 손에 쥐어준다. 둘이 서로 부딪혀 다칠 수가 있으므로 줄 끝은 길 정도로 너무 좁아서는 안 된다. 이왕이면 밴드로 어깨끈, 가슴밴드, 고삐 등이 만들어진 '말 끈'이면 좋겠다. 몇 개가 더 있으면 좋을 것이다. 어린이들은 서로 어떤 역할을 담당할지 스스로 결정한다. 말이 '순하면', '기수'가 말을 잘 이끌 수 있고 조종할 수 있다. 여기에서 어린이들은 다른 사람의 힘을 느끼고 자신의 힘을 추측할 수 있으며 사용하는 법을 배운다. 얼마 정도의 시간이 지나면 역할을 바꾸어 한다.

- 줄 달리기 – 이 놀이에는 아주 두꺼운 밧줄을 사용하는데, 어린이들을 모아 한 편에 4명이나 5명이 되도록 두 집단으로 나눈다. 그리고서 먼저 비슷하게 큰 두 아이들에게 서로 마주 보고 줄 옆에 서도록 부탁하는 것이 좋다. 이 두 명

으로 하여금 줄을 바닥에서 올려 잡고 조심스럽게 다른 편을 잡아당기도록 한다. 이때 어린이들은 자신의 힘을 느껴본다. 이렇게 첫 경험을 하게 한 후 이제 다른 아이들도 뒤에 붙어서 해볼 수 있다.

5.1.3 운동감각 – 감각 3

상황/시설

• 흥미로운 실외 놀이터 – 움직임에 대한 충동을 충분이 발휘하게 하기 위해서는 다양하고 흥미로운 놀이터가 필요하다. 그런 곳에는 놀이를 위한 크고 작은 마당이 필요하고, 똑바른 길뿐만 아니라 여러 개의 굽어지거나 원의 길도 필요하다. 올라가고 내려가고 할 수 있는 언덕과 큰 계단도 있어야 한다. 어린이들이 공놀이도 하고 또는 구슬놀이도 할 수 있으며 달리기나 자동차 타기도 할 수 있어야 한다. 그럼에도 불구하고 꽃이나 풀이 자라는 곳이 있어야 하는 것은 당연하다. 그러나 꽃이나 풀이 움직이는 어린이들로부터 끊임없이 보호받지 않아도 되고 더욱이 꽃이나 풀 때문에 어린이의 움직임이나 놀이를 금지시키는 일이 없는 장소를 정해야 한다.

• 실내에서 움직임의 가능성 – 어린이들은 물론 실내에서도 충분히 움직일 수 있는 가능성이 필요하다. 이왕이면 교실이 크고 책상과 의자로 꽉 채워져 있지 않거나, 또는 옆에 자리가 넉넉한 교실이 추가로 있다면 좋겠다. 움직임은 가급적 놀이가 이루어지는 곳에서 가능할 수 있어야 한다. 그렇지 않다면 특별히 따로 움직일 수 있는 공간을 마련한다. 그곳에서 어린이들의 놀이는 보살핌을 받고 안내되어져야 한다.

• 움직임을 위한 기구들 – 어린이들의 움직임 놀이를 위해서는 몇 가지 기구들이 필요하다. 공이나 줄 뿐만 아니라 다양한 의자와 사다리들, 널빤지 등은 움직임을 위한 장소에 요구되는 재료이다. 아마도 어린이들은 탁자와 의자도 움직임을 위한 공간에 집을 짓기 위해 사용해도 될 것이다.

커다란 층계는 움직임과 균형에 좋다

• 부엌 – 모든 교실에는 부엌이 있어서, 어린이들이 빵을 굽거나 요리를 하고 아침식사를 준비하며 과일과 채소 자르기를 하는데 함께 할 수 있도록 한다. 그것이 가능하지 않다면 최소한 하나의 커다란 부엌을 두고 그곳에서 어린이들로 하여금 집안일에 참여할 수 있게 한다.

활동

• 부엌에서 – 과일과 채소 썰기를 할 때 어린이들은 또 다른 능숙함을 배울 수 있게 된다. 어린이들은 과일이나 채소에 따라 손으로 다르게 누르는 힘을 바르게 조절하면서 칼 사용하는 법을 배우게 되는데, 이것은 어린이들이 진짜 날카로운 칼을 손에 쥐었을 때 가능하다. 누군가 진짜 칼을 준다는 것에 두려움이 있어서 칼에 베지 않도록 무딘 칼을 준다면 하나를 생각하지 못한 행동이다. 어린이들은 무딘 칼로는 잘못된 방법의 썰기에 익숙해져서, 나중에 진짜 칼을 사용할 때에는 정말 다칠 수 있는 누르기를 하게 될 것이다. 칼을 사용하는 활동을 할 때에는 우리가 잘 보살필 수 있을 정도의 인원으로 함께 해야 할 것이며 진짜 칼이어야만 한다. 빵 바르기도 역시 좋은 연습이다.

채소 썰기는 손을 능숙하게 해 준다

- 집안일 – 유아교육기관에서의 집안일은 어린이들이 움직임의 조화를 발달시킬 수 있는 또 다른 활동들을 제공해 준다. 스프나 치즈 요리를 젓고 식탁을 차리며 액체가 가득 담긴 그릇을 나르고 주전자로 음료수를 따르며 수건과 같은 빨래를 접는다.

- 수작업 – 작업대에는 어린이들이 등불이나 다른 놀이에 사용할 막대기를 바르게 톱질할 수 있다. 어린이들은 또한 손 천공기로 구멍을 뚫고 나무를 줄질하며 연마하면서 배를 조각할 수도 있다.

작업대에서 일하기

어린이들은 못, 나사, 실, 철사를 가지고 스스로 발명한 재미있는 왕관이나 기타 여러 가지를 만들 수 있다. 우리는 큰 아이들과 함께 직조 틀을 만들고 줄을 매어 어린이들로 하여금 알록달록한 천을 짜게 할 수 있다. 카니발이나 참회절을 위해 마녀층계 주름잡기를 한다면, 어린이들이 종이 줄을 스스로 자르며 가위질

하는 데 필요한 능숙함을 발달시킬 수 있다.

작은 직조 틀로 직조하기

• 그리기–그리기는 어린이들에게 중요한 경험이다. 어린이들은 그리기를 무의식적으로 행하고 있는데, 그렇다고 어린이들에게 그리기를 의식화해서는 안 된다. 종이에 크레용으로 그리기를 할 때 어린이들은 자신들의 움직임이 자국을 남기는 체험을 한다. 또한 3세의 어린이들에게는 묘사적 의도 없이도 그런 일이 일어난다. 그럼에도 불구하고 어린이들은 그리기를 하면서 무엇인가를, 즉 그들의 신체적 그리고 영혼적인 발달이 어느 정도 이루어졌는지를 표현한다. 어린이들이 4세가 되어 사람, 나무 그리고 기타 다른 사물을 그리기 시작할 때라도 그림이 외적 세계에 대한 묘사와 관계있는 것이 아니라 내면의 과정과 체험에 대한 상징적인 묘사와 관계가 있다. 그래서 우리가 어린이들의 그림을 비판하는 것은 아무런 의미가 없으며 어린이들의 그림은 그 자체로 맞는 것이기 때문에 비판은 옳지 않다. 우리는 어린이들이 항상 그리기를 할 수 있도록 해야 하며 그림에 대하여 존중해야만 한다. 그리기는 어린이들에게 연령에 따라 표현능력을 발달시킬 수 있는 중요한 경험의 장이다.

놀이

• 움직임을 위한 집짓기 영역–움직임을 위한 집짓기 영역 또한 균형감각을 위한 중요한 경험을 가져다주기 때문에 이 감각이 나오면 좀 더 자세히 접근하게 된다.

• 작은 줄넘기–어린이가 개별적으로 넘을 수 있는 작은 줄은 팔, 다리 사이의 동작조화에 매우 중요한 연습이 되며, 두 명의 어린이들이 함께 할 때 제대로 하게 된다. 우리가 직접 해 보면 그것이 얼마나 어려운 것인지를 알아차리게

될 것이다. 어린이들이 줄넘기를 하며 노래를 부른다면 또 다른 감각 영역이 조화로워질 것이다.

큰 줄넘기

• 큰 줄넘기 – 큰 줄은 두 명이 넘는 것으로서, 어린이들은 움직임의 조화뿐만 아니라 무엇보다도 주어진 리듬을 타게 되고 낯선 움직임에 함께 움직일 수 있는 능력을 연습할 수 있다. 큰 줄은 물론 한쪽 끝을 손의 높이에 맞게 잘 동여맬 수 있다. 줄넘기는 이렇게 시작할 수 있다. 우선 어린이들이 우리가 점차 높여주는 매달린 줄을 타넘는 것으로부터 시작하여 한 걸음에 넘기, 그 다음엔 두 발을 붙여서 넘기 한다. 우리는 파도치기를 해 주면서 점점 난이도를 높여줄 수 있다. 다음엔 줄이 매달려 있지 않고 이리저리 왔다 갔다 할 때 어린이들은 뛰어야만 한다. 어떤 어린이들은 줄을 뛰어 넘는 적당한 순간을 찾아낼 때까지 이 단계에서 오랫동안 연습을 해야 한다. 우리가 이런 어린이들에게 시간을 준다면, 우리는 어린이들이 흔들리는 줄에 걸리지 않도록 하는 좋은 연습을 시켜준 셈이다.

줄넘기는 줄이 흔들릴 때 리듬적인 시구로 노래를 부르게 되면 더 쉬워진다. 언어적으로 수준 높은 수 세기를 연습하게 하는 다음의 시구가 특히 적절하다.

헨리테 금으로 된 목걸이 금으로 된 신발 너는 몇 살이니?	• 첫 네 개의 구절에는 구절마다 두 번씩 줄을 흔든다. 즉, 두 번씩 뛰어 넘는다.
하나, 둘, 셋	• 넘기를 센다.

어린이들이 줄넘기를 잘할 수 있게 되면, 원으로 하는 변형이 또 있다. 굵은 줄을 가지고 한쪽 끝에 매듭을 짓고서 줄로 주변을 원으로 돌린다. 어린이들은 매듭이 만드는 원의 선에 서서 적당한 시간에 높이 뛰어야 한다.

• 공놀이 – 유아교육기관 연령의 어린이들에게 공놀이는 별로 문제시되지 않고 있다. 이유는 대부분의 어린이들이 아직 공을 잘 잡을 수 없기 때문에 놀이에 있어서 대개 던지기와 맞추기로 이루어진다. 그럼에도 불구하고 어린이들은 공 잡기를 연습해야 한다. 공에 대해서는 다음과 같은 사항을 언급할 수 있다. 펌프로 공기를 주입한 고무공 또는 가죽공들은 놀이하기에는 이 연령이 별로 적절치 않다. 이 공들은 너무 가볍거나 종종 너무 크고 어린이들이 잡기를 할 때 잡을 수 없도록 튕겨나간다. 천으로 된 무거운 공은 손으로 잡을 수 있어서 매우 적절한 공이다. 또한 신문과 같은 종이를 뭉쳐서 만든 공이 도움이 될 수 있을 것이다. 던지기 놀이는 모래주머니로 잘할 수 있게 되는데, 모래주머니 역시 잘 잡힌다.
풍선은 아주 다른 방식으로 놀이를 해야 한다. 풍선으로는 목표를 정하거나 던지기를 할 수 없으므로 공이 바닥에 떨어져서는 안 되는 놀이를 할 때에는 풍선으로 한다.

잡기 놀이 – 잡기를 연습하기 위해서는 어린이들이 줄 위로 공 던지는 놀이가 좋다. 공을 어딘가에 던지기만 하는 것이 아니라 공이 줄을 넘어가게 하기 위해 투척에 스스로 주의를 기울여야만 하므로 투척이 잘 되면 받기도 쉬워진다. 줄 대신 어린이들 몇 명을 가운데 서게 할 수도 있다. 이 놀이는 아이들이 공을 받지 못하도록 투척이 충분히 높아야 하고 공이 잡히면 던진 아이가 가운데로 가고 잡은 아이가 던지기를 한다.

하나, 둘, 셋, 누가 공을 가지고 있니? – 한 어린이가 공을 머리 위로 하여 뒤를 향해 던진다. 거기에는 세 명의 다른 어린이들이 서 있다. 한 어린이가 공을 받으면 공을 받은 어린이나 받지 않은 어린이 모두 팔을 뒤로 한다. 자연스레 공은 등 뒤로 숨기게 되며 누가 숨기고 있는 것 같으냐고 묻는다 : "하나, 둘, 셋, 누가 공을 가지고 있니?" 던진 아이는 알아맞혀야 한다. 단번에 알아맞히면 한번 더 던질 수 있으며 그렇지 않으면 뒤로 가고 공을 잡은 아이는 앞으로 가서 던지기를 한다.

- 맞히기 놀이 – 공이나 모래주머니로 한다. 2~3미터 거리에 바구니나 상자를 두고 거기에 공이 들어가야 하며 해 내면 거리는 더 멀어진다.
바구니를 탁자 위나 높은 곳에 올려놓는 것은 해볼 만한 변형이다. 바깥에서 하면 좋다. 하나의 타이어를 나무에 매달아 놓고 그 가운데로 공을 지나가게 던지기를 하는 것이다. 타이어는 두 개의 끈으로 매달아 돌지 않게 한다. 아주 약은 아이들은 타이어가 돌면 더 자극을 받는다. 또 누가 골인시킬 수 있을까? 타이어 안에 작은 종을 매달아 주면 매력은 더욱 커질 수 있다. 종소리가 들려야만 성공한다. 마지막으로 문설주나 탁자에 있는 한 개나 여러 개의 깡통을 맞힐 수 있다. 이 모든 놀이는 여러 명의 어린이들이 게임으로 할 수도 있다.

맞추기 놀이

많은 솜씨가 필요하거나 연습해야 되는 것은 다음의 놀이다 :
작은 링(지름이 15~20cm)을 모래 영역이나 풀밭에 꼽아놓은 막대기 위로 던져 끼우게 하는 놀이가 있다. 거리는 놀이 전에 정해 놓고 단계별로 더 멀어지게 한다. (링은 휘어지는 나뭇가지나 식물 속껍질, 가죽 끈 등으로 어린이들과 함께 직접 만들 수 있다.)

- 구슬놀이 – 구슬놀이에는 원래 두 가지 목표의 가능성들이 있다. 구슬들을 맞추거나 또는 바닥의 구멍이나 표시해 놓은 원에 명중시키는 것이다. 우선 구

슬을 목표로 하는 두 개의 놀이다.

구슬치기－바닥에 한 개의 선을 표시한다. 그 선이 시작점이 되어 굴릴 수 있다. 첫 번째 주자가 자기 구슬을 2~3 미터 굴린다. 두 번째 주자가 그것을 맞추도록 한다. 맞추면 그 구슬은 가져도 된다. 맞추지 못하면 다음 주자가 자기 구슬로 맞추도록 하는 식으로 계속한다. 승리자는 게임 이전에 정해 놓은 숫자만큼 구슬을 모은 사람이다. 게임은 또한 목표 구슬을 하나 정해 놓고 모든 주자들이 맞추도록 하는 방법으로 할 수도 있다. 목표 구슬은 갖추는 사람이 가지게 되고 게임은 새로 시작된다. 이제 구멍에 명중시켜야 하는 두 번째 변형방법이다.

구멍에 명중시키기－바닥에 작은 구멍을 낸다. 바닥이 너무 딱딱하면 원을 그려놓을 수 있다. 시작 선은 2~3미터 정도 앞에 정해 놓는다. 고든 주자가 자기 구슬을 원 안으로 굴려 넣도록 시도한다. 가장 먼저 해낸 주자는 다른 구슬들을 손가락으로 튕겨 구멍 안에 넣을 수 있다. 구슬이 빗나가면 다음 주자 차례가 된다. 마지막 구슬을 구멍에 굴려 넣은 사람이 이기게 된다. 두 번째 게임에서는 한 줄에 놓인 세 개의 구멍이 주어진다. 각각의 구멍은 서로 1~2 미터 떨어져 있다. 마찬가지로 앞에 시작선이 있다. 첫 번째 주자가 자기 구슬을 가지고 첫 번째 구멍에 던져 넣는다. 성공하면 거기에서부터 다음 구멍에 그리고 그 다음 구멍으로 던져 넣는다. 빗나가면 다음 주자 차례가 된다. 승리자는 마지막 구멍에 자기 구슬을 넣은 사람이다. 이 게임은 카스타니아(못 먹는 밤)나 땅콩 종류를 가지고 할 수도 있다. 그런데 이 게임은 훨씬 더 어렵다. 왜냐하면 카스타니아나 땅콩이 어디로 굴러갈지 예측할 수 없기 때문이다.

- 나무를 바꾸어라－이 게임에서는 빠르게 반응하는 것과 목표를 향해 뛰는 것이 필요하다. 바깥 놀이터에는 몇 개의 나무가 있어야 한다. 그러나 수풀이나

건물 모서리 같이 표시해 놓은 점들을 사용할 수도 있다. 또는 막대기, 타이어 또는 바닥에 그린 원과 같은 표시를 사용할 수도 있다. 각각의 어린이들은 한 나무에 서 있고 한 명만 나무 없이 남아 있는다. 시작할 때 어른이 이 역할을 담당하면 좋은데, 그가 "나무를 바꾸어라!"라고 외치면 모두 새로운 나무를 찾아간다. 외친 사람은 재빨리 비어 있는 나무를 찾아가고 다른 사람들 중에 누군가는 남게 된다. 그러면 그 사람이 다시 외치기를 한다.

- 여우와 닭 – 집단의 한 가운데 한 명의 어린이가 여우가 되어 땅바닥에 쪼그리고 앉아 있다. 주변에 서 있는 어린이들은 닭들인데, 다음과 같이 묻는다 :

"늙은 여우야, 뭐하니?"
여우가 대답하기를 : "불을 지핀다."
닭 : "도대체 왜?"
여우가 대답하기를 : "물을 끓이려고"
"그걸로 무엇을 할 건데?"
"닭 한 마리를 삶으려고"
"넌 닭이 없잖아"
"잡을거야"

그러면 닭들은 흩어져 도망가고 여우는 한 마리를 잡으려고 쫓아간다. 잡힌 사람은 다음번 여우가 된다.

- 달리기 시합 – 바깥 놀이터나 산책길에서 우리는 간단한 달리기 시합을 할 수 있다. 이때 빨리 뛰는 것보다는 우리가 제시하는 과제를 수행하는 것이 중요하다. 우리는 길 가장자리 같이 한 선을 제시하고 10미터 떨어진 잘 보이는 목표선을 약속한다. 이제 보통으로 걸어서 갔다 오기를 한다. 또는 한걸음에 7마일을 가는 장화 (가능한 한 커다란 보폭으로) 걷기를 한다. 그리고서 개구리처럼 뛴다. 마지막으로 손수레를 가지고 갔다 오는 게임을 하는데 두 명의 어린이들이 함께 한다. 한 명은 손으로 땅을 짚고 또 한 명은 그 아이의 뻗은

다리를 잡고 안내하며 걷는다. 돌아올 때에는 역할을 바꾼다.

- 눈먼 소 – 이 게임은 유아교육기관의 실내에서 원으로 의자에 앉아서 하는 것이 더 좋은 놀이다. 모든 어린이들이 자기 의자에 앉아 있는다. 한 어린이가 눈에 띠를 묶고 눈먼 소가 된다. 시작은 큰 아이를 선택하는 것이 좋다. "시작!" 하면 모든 아이들이 일어나 원을 통과하여 도망 다닌다. 눈먼 소는 누군가를 잡아야 한다. 잡히는 사람은 다음 번 눈먼 소가 된다. 두 아이 모두에게 빠른 반응과 잽싼 움직임이 요구된다.

- 이동하기 – 원으로 둘러앉되, 의자들을 옆옆이 딱 붙여 놓는다. 한 의자는 비워두고 한 어린이는 한 가운데 서 있는다. "시작!" 하면 모든 어린이들이 오른쪽으로 이동하여 다음 의자에 앉는다. 한 가운데 있던 어린이는 빈 의자 하나를 재빠르게 차지하도록 한다. 이를 위해 그 어린이는 원에서 어떤 일이 일어나는지를 보아야 하고 빠르게 반응해야 한다. 가운데 서 있던 어린이가 의자 하나를 차지하면, 원래 이 의자로 이동해야 할 어린이가 이제 한 가운데로 간다.

- 실뜨기 – 단순한 매듭과 실뜨기는 취학 바로 전의 큰 아이들과 해볼 수 있다. 어린이들은 집중력, 손가락의 민첩함, 두 손의 조화를 연습하게 된다. 또한 재미있기도 하다. 여기에 쓰일 가느다란 노끈은 어린이들이 스스로 꼴 수 있다. 누군가 어린이들과 실뜨기를 하고자 한다면, 자기가 먼저 잘할 수 있어야 하는데, 이를 위해 적절한 안내 자료를 구한다.[14]

14) Frorath(2006)

• 노래 부르기와 라이겐 – 노래 부르기와 라이겐은 어린이들과 움직임의 다양한 속성과 특성을 연습하는데 적당한 분야다. 우리는 작은 이야기를 해줄 수 있는데, 예를 들어 비가 오는 것으로 시작한다 :

빗방울 – 어린이들과 우리는 손가락으로 가볍게 바닥을 여기저기 톡톡 친다. 그 다음엔 비가 세차게 내린다(손가락으로 우선 가볍게 바닥을 두드리고 나서 두드림을 더 세게 한다). 마지막으로 천둥이 친다(주먹으로 바닥을 친다). 그리고 대야에서 물이 쏟아지듯이 퍼붓는다(손바닥으로 바닥을 친다). 천천히 멈춘다(손가락으로 바닥 두드리는 것을 점점 약하게 조용하게 한다). 그리고서 태양이 다시 빛날 때까지 손가락으로 톡톡 몇 번 빗방울을 떨어지게 한다.

작은 이야기에는 동물을 등장하게 하여

- 고양이의 부드러운 앞발처럼 살금살금 가기
- 토끼처럼 깡충깡충 뛰기
- 개구리처럼 팔짝팔짝 뛰기

를 할 수 있다.

어린이들은 바닥에서 뱀이나 물고기처럼 기어 다니기를 좋아한다. 이야기를 노래나 시구로 들려주게 되면 참 좋다. 노래 부르기와 라이겐에 대한 예는 의사소통감각에서 다루기로 한다.

5.1.4 균형감각－감각 4

상황/시설

• 균형대－균형을 맞추기 위해 긴 나무둥지나 각목을 여러 개 놓으면 좋으며 바닥에서 돌출된 굵은 지지대가 나열된 것도 괜찮다. 모래 영역을 둘러싼 것이라도 좋다. 이 연령의 어린이들에게 균형대가 가늘어야 한다는 것은 아직 그렇게 중요하지는 않다. 또 다른 가능성 : 두 개의 나무 사이에 두 개의 줄을 팽팽하게 매달아, 아랫줄은 그 위로 걸어가기 위한 것이고 위의 줄은 손으로 잡고 몸을 고정시키기 위한 것으로 한다.

• 철봉－어린이에게 적절한 높이의 한 개 또는 여러 개의 철봉은 바깥 놀이터에서 빠져서는 안 된다. 어린이들은 철봉으로 자신들의 힘과 움직임의 능력을 발달시키는데, 무엇보다도 균형능력을 연습한다.

여기에서는 균형이 중요하다

흔들밧줄에서

• 오르기 나무－오름대보다도 더 좋은 것은 나무다. 나뭇가지가 갈라진 곳은 기어오르기가 너무 빨리 습관이 되지 않도록 불규칙적이고 다양하기 때문에 좋다. 오르기 나무에다가 관심을 불러일으키도록 밧줄

수평으로 매단 밧줄사다리 기어오르기

을 매달아 더 흥미롭게 만들어줄 수 있다. 한 개의 나무에 굵은 밧줄을 매달아 큰 아이들이 올라가게 하는 것은 참 좋다. 밧줄의 아래 끝에 굵은 매듭을 지어 놓으면 그것으로 어린이들은 그네도 탈 수 있다.

• 그네시설－이것은 바깥 놀이터에 없어서는 안 되는 시설이다. 그런데 그네에는 다양한 종류가 있고 그 중 몇 가지는 꼭 있어야 한다. 단순한 형태로는 이미 언급한 매듭 있는 흔들 밧줄이다. 주의해야 할 점은 줄이 너무 나무 등지에 가깝게 매어져서는 안 된다는 것이다. 밧줄 아래에 고리 같은 것이 있으면 두꺼운 판자를 끼워 넣고 두 명이 그네를 탈 수도 있다. 그렇게 하면 양면에 어린이가 앉을 수 있다. 떨어지지 않기 위해서는 어린이들이 서로 움직임을 맞추어야 한다. 그리고 보통 앉아서 타는 그네도 물론 있지만 여러 명이 동시에 탈 수 있도록 가운데 그물을 쳐 놓은 강한 타이어를 수

해먹 안에서

평으로 매단 그네도 있다. 그네가 매달린 곳 아래의 주변 환경을 나무껍질 바닥이나 고무매트 바닥으로 설치하는 것이 안전을 위해 적절하다. 이런 일은 거의 일어나지는 않지만, 어린이들이 그네를 타다 떨어졌을 때만 좋은 것이 아니라 다른 어린이들을 위해 위험한 영역으로부터 경계를 두는 것으로도 좋다. 또한 실내에도 그네가 있다면 역시 좋다. 흔들기는 안정감을 주고 때로는 놀라움도 준다.

앉아서만 흔들 수 있는 해먹은 실내에서나 실외에서도 제공되어야 한다. 어린이들은 해먹에 두 명이 앉을 수도 있다. 많은 어린이들이 해먹 흔들기를 좋아하며 또 그것을 필요로 하는 이유는 어린이들의 균형감각을 실험할 자극이 너무 적기 때문이다. 작은 아이들에게는 흔들 말이 있어야 한다. 흔들말을 타며 어린이들은 흔들거리는 움직임을 쉽게 결정할 수 있다. 또한 움직임의 반경이 작고 요람처럼 회전축이 말의 아래쪽에 놓여 있다.

- 미끄럼틀 – 미끄럼틀 위에서는 몸을 스스로 움직이지 못하고, 중력에 의해 아래로 움직이게 되므로 우리를 의지할 데가 없게 만든다. 이러한 상황에서 몸을 곧추세우고 균형을 잡는 것은 우리 스스로 움직일 때와는 전혀 다른 과제다. 서서 미끄럼을 탈 때에는 정말 그렇다.

미끄럼틀은 몸을
균형으로부터 벗어나게 한다

- 경사면 – 걸을 때와 뛸 때, 오르고 내리는 경사면은 균형감각을 위한 좋은 연습 상황이 된다. 왜냐하면 발의 자세가 평평한 바닥 위에서와 같은 보통의 자세가 아니기 때문이다. 평형을 유지하기 위한 움직임에 필요한 것을 우리는 경사가 각기 다른 가파른 언덕을 내려갈 때 매우 잘 체험할 수 있다. 우리는 이때 평형을 유지하기 위한 움직임을 연습하는 것이다.

- 시소 – 시소가 경사에서의 경험을 확장시켜 주는 까닭은 시소가 가동적이기 때문이다. 시소는 두꺼운 원형나무나 나무 둥지 토막 위에 가로로 고정시킨 널빤지로 만들어진다. 널빤지는 양쪽으로 같은 정도로 멀게 놓여져야만 한다. 널빤지의 길이는 나무 둥지의 두께에 따라 정해진다. 널빤지의 한쪽이 바닥에 닿으면 어린이가 널빤지 위를 걸어 올라갈 수 있을 정도로 경사져야 한다. 어린이가 한가운데에 도달하면, 시소가 다른 한쪽으로 젖혀짐으로써 어린이가 한 가운데에서 아래로 내려갈 수 있어야 한다. 이 젖힘은 어린이들이 즐겨 실험해 보게 되는 긴장된 순간이다. 이제, 어린이들은 위에서 머물며 널빤지를 공중에 떠 있도록 시도해 본다.

- 가구 – 유아교육기관의 시설이 의자와 책상으로만 구성되어서는 안 된다. 잘 생각해 보면, 어린이들은 유아교육기관에 앉아만 있으려고 오는 것은 아니며, 무엇보다도 놀이를 하기 위해 움직이려 오는 것이다. 어린이들이 앉는다면 등받이는 필요 없다. 어린이들 중 누가 종이접기를 하던가, 그림 그리기 또는 식사 때 등을 기대고 앉아 있던가? 기대기 위한 것은 쉬는 영역에 아마도 소파가 있을 것이다. 등을 기대지 않고 앉을 수 있는 것으로는 작은 걸상이나 보조의자가 있다. 두 가지 모두 균형감각의 수련을 위해서나 등의 근육을 강화시키기기 위해서도 좋다. 그리고 의자는 놀이나 집짓기를 하기 위해서 여러모로 더 다양하게 쓰인다.

활동

- 서서 하는 활동 – 어린이들이 서서 행하는 모든 활동들은 균형감각을 훈련한다. 예를 들어 부엌에서 도와주거나 보조의자 위에 서서 작업대 위의 채소나 과일을 썰고 있으면 소근육 운동만 작용하는 것이 아니다. 각각의 움직임은, 즉 자르기, 누르기 등이 동시에 끊임없이 작업행위와의 평형을 이루고자 하는

균형 상태를 변화시킨다. 이것이 균형 영역을 강화시킨다. 처음엔 물론 어떤 어린이들에게 활동 중 우리가 뒤에 서 있음으로 해서 의지물이 되어 줄 수도 있다. 왜냐하면 아직 아무런 연습이 없을 때에는 균형을 이루고 유지하는 것이 힘들기 때문이다. 그러나 모든 상황에서 안전하고 자유롭게 서 있을 수 있는 법을 배우는 것은 중요하다.

모래 영역 테두리는
똑바른 자세를 취하게 한다

놀이

- 균형 잡기－균형 잡기는 균형대나 나무 둥지 위에서만 하는 것이 아니다. 어떤 어린이들은 바닥에 놓아진 줄 위를 걸을 때나 벤치 위로 올라갈 때 벌써 시작한다. 모든 어린이는 모래주머니를 머리 위에 놓고 서 있을 때 매우 흥미로워하며 자연스럽게 균형 잡기를 연습한다. 이 연습은 아래로만 볼 수 있는 것뿐 아니라 균형감각을 아주 신뢰할 수 있어야만 한다. 그것이 가능해지면 또 하나의 모래주머니를 손바닥마다 올려놓을 수 있게 되는데, 심지어 손등 위에도 올려놓을 수도 있게 된다.

서커스맨

그리고서 뒤로도 걸어갈 수 있게 된다. 뒤로 균형 잡기는 앞으로 균형 잡기보다 훨씬 더 어렵다. 뒤로 균형 잡기가 균형감각을 특히 더 강하게 해 주는 이유는 우리가 뒤로 갈 때 보지 않아도 우리를 신뢰할 수 있을 뿐 아니라, 발에서의 촉감과 균형감각을 신뢰할 수 있기 때문이다. 또한 벤치로 가기나 이 벤치에서 저 벤치 또는 이 보조의자에서 저 보조의자를 큰 걸음으로 건너가기는 많은 어린이들을 위해 참 유용한 연습이 된다. 한 단계 올려보면 : 수평이나 약간 경사진 사다리의 디딤판 위에서의 균형 잡기가 있다. 균형 잡기를 자연스러운 일로 만들어주기 위해서는 어린이들이 균형 잡기를 해야만 문을 통과할 수 있는 날을 만들 수 있다. 특별히 능숙한 어린이를 위해서는 까다로운 과제가 필요하다. 예를 들면 흔들 말 위에 서기 그리고 그 위에서 훌라후프 같은 것을 팔로 돌리기가 있다. 거의 서커스맨 수준이다.

- 움직임의 집짓기 영역 – 움직임을 위한 집짓기 영역은 움직임을 할 수 있는 곳으로서 가장 좋은 것은 움직임의 지대를 어린이들이 직접 만드는 것이다. 처음에는 우리가 어린이들을 적게 도와주고 단지 촉진해 주기만 한다. 어린이들은 다양한 움직임이 가능한 무엇인가를 짓기 위해, 탁자, 벤치, 보조의자, 의자, 널빤지, 사다리, 세우는 사다리, 쿠션, 매트리스, 보자기 등을 사용할 수 있다. 어린이들은 기어 올라가고 기어 내려오며 균형 잡기를 하고 뛰어 내리기를 하거나 미끄럼을 타고 어딘가를 기어서 통과할 수 있다. 어린이들은 집짓기 영역을 매 번 다르게 만들고 자기들이 할 수 있는 것에 적응하며, 회를 거듭할수록 난이도의 정도가 올라간다. 우리는 그것을 주시해야 하나 경찰처럼 옆에 서 있는 것은 아니어야 한다.

- 높이뛰기와 점프하기 – 높이뛰기와 점프하기를 하는 데는 도착할 때 새롭게 똑바른 자세를 취하는 것이 중요하며 점차적으로가 아니라 바로 일어나야 한다. 그래서 모든 높이뛰기와 점프하기는 균형과 관련된 빠른 반응을 위해 좋은 연습이 된다. 우리는 어린이들을 뛰어내리게 놓아둘 수도 있고 장애물 위를 뛰어넘게 할 수도 있다. 높이뛰기의 장애물로는 땅바닥 위에 막대나 줄로도 충분하다. 특별히 중요한 것은 한발로 뛰기이다. 모든 어린이는 유아교육기관을 졸업하기 전에 한발 뛰기를 할 수 있어야 한다.

- 자루 뛰기 – 어린이가 자루 속으로 들어가 두 손으로 자루 위를 올려 잡고 풀밭을 뛰어다닌다. 이것은 균형을 위해 아주 좋은 연습이 된다. 왜냐하면 여기에서는 발로 균형을 유지할 수 있는 가능성이 거의 없기 때문에 어린이는 몸 전체로 균형을 유지해야 한다. 자루 뛰기는 경주로도 행해질 수 있다.

- 재주넘기 – 이것 또한 모든 어린이가 유아교육기관을 마칠 즈음에 충분히 할 수 있어야 한다.

- 죽마 타기 – 죽마 타기는 균형감각에 중요한 연습 분야이다. 어린이들은 우선 줄을 달은 통나무를 가지고 연습을 할 수 있다. 이때 어린이들은 죽마를 발에 붙잡을 수 있는 법을 배운다. 죽마 타기는 어렵기 때문에 우리는 모든 어린이들이 배우고 싶도록 그것을 매력 있게 만들어 주어야 한다.

죽마 타기

- 외발 자전거 타기 – 여기에서는 어린이들이 나중에 자전거를 타는 것과 유사하게, 탈것 위에 머물고 있을 수 있으며 커브로도 갈 수 있는 것이 자신의 움직임과 자세에만 달려 있는 것이 아니라 탈것을 어떻게 취급하느냐에 달려 있다는 것을 잘 배울 수 있다.

외발 자전거로 커브길 타기

- 페달 타기 – 페달은 우리가 한쪽 발에서 다른 쪽 발로 다시 또 다른 발로 체중을 이동시킴으로써 굴러가는 기구이다. 이것을 타기 위해서는 앞으로 전진할 때 멈추지 않고 지속적으로 움직이는 연습이 필요하다. 한 어린이가 페달 타기

페달 위에서

를 잘 할 수 있게 되면, 우리는 그 아이 머리나 손 위에 모래주머니를 놓아줄 수 있다.

• 평형대 경주 – 두 명의 어린이 또는 두 집단을 위해 장애물 코스를 만들어 놓는다. 예를 들어 균형 잡기를 위한 각목이나 긴 의자가 있고 어린이가 그것을 따라 기어올라가고 의자 위를 넘고 나면, 그 다음에 다시 두 번째 각목이 나온다든지 하게 설치를 한다. 첫 번째 어린이가 목표점에 도달하면, 다음 어린이가 출발해도 된다. 과제는 어린이들에게 머리나 손 위에 모래주머니를 얹어 준다든지 하여 점점 더 어렵게 만들어줄 수 있다.

• 물건 나르며 경주하기 – 어린이들이 풀밭 위를 뛰면서 무엇인가를 손에 들고 날라야 한다면, 이것 또한 균형감각을 위해 좋은 연습이 된다. 두 개의 편으로 나누어 경주를 하게 할 수도 있으며, 이런 경주는 특히 큰 아이들이 재미있어 한다. 우리가 두 개의 길을 나란히 선택해 놓고, 끝에는 기둥을 박아 놓는다. 이제 각 팀의 첫 번째 주자는 달걀이나 공을 올려놓은 수저를 들고 기둥을 돌아서 다시 제자리로 돌아온다. 그리고 다음 주자에게 수저를 전달하면, 바로 이어서 달리기를 시작한다. 전달하는 과정에는 우리가 조금 도와준다. 우리는 또한 어린이들의 손이나 머리 위에 무엇인가 다른 것을 올려놓아 줄 수도 있다.

5.2 파수꾼감각

5.2.1 미각 – 감각 5

상황/시설

• 영양 – 미각 발달을 위해서는 우리가 유아교육기관에서 직접 아침식사나 점심을 준비해 줄 때 무엇인가를 할 수 있다. 그러면 우리는 다양한 맛의 속성, 즉 단맛, 신맛, 짠맛, 쓴맛을 적절하게 맛볼 수 있게 하여 어린이들로 하여금 편협한 맛에 익숙해지지 않도록 돌볼 수가 있다.

활동

• 음식 조리하기 – 어린이들이 음식 만들 때 옆에서 과일이나 채소를 썰거나 치즈요리와 반죽 젓기를 돕게 된다면, 생 재료를 먹어보게 하거나 소금, 설탕, 레몬즙 등을 맛볼 수 있게 해 준다. 이를 통해 어린이들은 맛의 속성을 세분화시키고 구별하며 특정한 식료품과 연관시키는 법을 배우게 된다.

놀이

• 맛보기 – 어린 연령에서는 미각을 놀이로 하는 것은 적절치 않다. 그럴 경우 좋은 점보다는 지각에 대한 의식에 더 많이 주의를 기울이고 또 습관과 기호를 더 강화시킬 수 있는 위험이 생긴다. 큰 아이들의 경우 혹시 카니발 축제 때 한 번 시험하게 할 수는 있다. 이때 어린이들이 눈을 가리고 손가락을 짠 액체에 담갔다가 빨아먹어 보고 그리고서 신맛, 쓴맛, 단맛도 맛을 보게 한다. 매번 무슨 맛인지 말을 해야만 하되, 그 맛이 나는 음식이나 과일을 언급하기로 한다.

맛의 순서는 어린이마다 다르게 바꾸어 준다.

5.2.2 후각－감각 6

상황/시설

• 꽃밭과 채소밭－우리가 어린이들의 후각을 촉진시키고자 원한다면, 정원이나 화단 안에 또는 다양한 장소에 다양한 꽃이 있어야 한다. 마찬가지로 채소밭도 있어야 한다. 자리가 있다면, 구스베리, 나무딸기, 복분자 딸기 등의 각종 장미과 관목이 있다면 더욱 좋다. 자리가 충분히 있다면 채소도 길러볼 수 있다.

활동

• 꽃 관찰하기－봄과 여름에 꽃이 피면, 우리는 어린이들과 함께 규칙적으로 꽃을 보러 가서 향기를 즐겨야 한다. 꽃피는 시기에, 예를 들어 매 월요일마다 주말 동안 어떤 일이 일어났는지를 확인해 볼 수 있고 모습, 향기, 꽃을 점검해 볼 수 있다. 꽃 피는 시기의 점검은 어린이들이 어떠한 가치로 우리가 꽃과 연결되어 있는지를 배워야만 하기 때문에 중요하다. 그것을 위한 전제조건은 물론 우리 스스로가 식물에 관심을 가지고 그것을 소중히 여기는 것이다. 우리가 어린이들로 하여금 규칙적으로 냄새를 맡게 한다면, 어린이들은 다양한 꽃을 향기로 알아채고 구별하는 법을 빨리 배우게 된다.

• 과일 손질하기－우리가 과일을 손질할 때 어린이들과 함께 하는 것은 좋다. 그러면 어린이들이 잼이나 설탕에 재운 과일 같은 것이 어떻게 만들어지는지를

체험할 뿐만 아니라, 동시에 아주 중요하게도 풍부한 냄새까지도 체험하게 된다. 어린이들은 과일을 손질할 때처럼 끓이거나 굽기를 할 때 냄새가 어떻게 변하는지를 또는 냄새가 어떻게 확산되기 시작하는지를 경험한다. 자신이 직접 딴 딸기로 잼을 만들거나 케이크를 만들어 보는 일은 중요한 경험으로써 체험을 우리는 삶으로 가져간다. 우리가 어린 시절에 직접 했던 체험을 떠올리면, 기억에서 냄새가 중요한 역할을 하고 있다는 것을 알게 될 것이다.

• 허브 손질하기 – 채소도 역시 마찬가지다. 우리는 신선한 채소를 가지고 허브 버터나 허브치즈를 만들 수 있다. 우리는 샐러드나 채소에 허브를 뿌리거나 허브차를 만들 수 있다. 그리고 우리는 허브를 말려서 겨울을 위해 보관할 수도 있다. 말린 허브는 유리병에 담거나 천 주머니에 담아 이름을 써 놓고 겨울에 사용할 수 있도록 한다.

• 화단 가꾸기 – 어린이들이 함께 체험하거나 참여할 수 있도록 추수뿐만 아니라 밭일도 일정 시간 동안 행해져야 하는데 밭일은 다양한 냄새와 연관성이 있다 : 풀을 베어 마를 때, 시든 꽃을 자를 때 그리고 바구니에 모아 담을 때, 가을에 낙엽을 긁어모을 때, 나뭇가지들을 태울 때, 축축한 땅을 팔 때, 또는 정원의 쓰레기나 부엌 쓰레기를 가져다 놓을 때, 그것이 썩어 점점 흙이 되어갈 때, 여러 냄새를 경험할 수 있다. 냄새가 날씨와 계절에 따라 전형적으로 변하는 것처럼 산책길 또는 숲의 날에서 모든 날씨와 모든 계절의 냄새를 체험할 수 있도록 실시해야 할 것이다.

놀이

• 허브주머니 퀴즈놀이 – 어린이들이 밭에서 그리고 손질하면서 다양한 허브들에 친숙해졌다면, 우리는 허브 개개의 냄새에 대한 기억을 허브주머니로 다시

맡을 수 있으며, 언제나 서로 다름을 다시 연습할 수 있다. 마른 후 바로 주머니에 넣기 시작하는 것이 좋은 연유는 기억이 아직 생생하기 때문이다. 우리는 서너 개의 주머니를 일정한 간격으로 수평의 막대기에 걸어 놓는다. 그리고 그 막대를 교구장이나 벽에 걸어 놓아 어린이들이 냄새를 맡을 수 있게 한다. 그런 후에 어린이들에게 허브를 식별할 수 있는지 물으며 각각의 식물이나 꽃, 잎의 형태 또는 그 식물이 정원에 있을 때 만져본 느낌이 어떠했는지에 대하여 기억하도록 우리가 도와준다. 이런 퀴즈놀이는 며칠 동안 차례로 하는데 순서를 매일 바꾸어서 해 본다. 시간이 지난 후에도 이 놀이를 다시 반복하여 해볼 수 있다.

• 과일 퀴즈놀이 – 비슷한 놀이로서 우리는 과일 종류를 가지고 해볼 수 있다. 다양한 과일들, 즉 사과, 배, 복숭아, 바나나 등을 접시에 한 조각씩 잘라 놓는다. 나무딸기나 딸기도 이 놀이에 적합하다. 어린이들의 눈을 동여매고 알아맞히기를 하는데 반드시 어린이들과 함께 과일샐러드를 만들거나 과일을 넣은 치즈요리 등을 만들어 먹기로 할 때만 행한다.

5.2.3 온감각 – 감각 7

상황/시설

• 오븐과 벽난로 – 어린이들이 따뜻함의 원천인 불을 체험하는 것은 중요하다. 그리고 여기에 필요한 것은 오븐이나 바깥의 열린 벽난로 또는 화덕 같은 것이다. 좋은 해결방법은 나무로 때는 담으로 둘러싸인 빵 굽는 오븐이다. 그것을 통해 어린이들은 어떻게 불을 지피는지, 어떻게 지속적으로 타게 할 수

있는지를 배우게 된다. 어린이들은 또한 예를 들어 뜨거워질 때까지 어느 정도 시간이 걸린다는 것과 뜨거움이 불의 강도나 거리에 달려 있으며, 뜨거움으로부터 어떻게 몸을 보호할 수 있는지 등의 중요한 경험을 하게 된다. 그리고 우리는 불로 어린이들과 함께 특별한 기회에 막대빵을 굽거나 소시지를 구워먹을 수 있다. 또는 빵 굽는 오븐에다가 아침식사를 위한 모닝빵을 구울 수 있다. 그것이 불가능하다면 마당에 화덕이나 오븐을 설치하던지 어린이들이 불의 경험을 할 수 있도록 가끔 공공그릴 장소 또는 야영 장소로의 나들이도 소홀히 하지 말아야 할 것이다.

빵 굽는 오븐 – 어린이들과 함께 직접 만든다

• 재료 – 온감각을 세분화하여 육성할 수 있도록 다양한 재료들의 상이한 온기 반응을 지각하는 것은 중요하다. 어린이들이 다양한 재료들을 가지고 다루거나 놀이를 할 수 있는 가능성을 가지고 있도록 주의를 기울일 때, 우리는 지각을 촉진할 수 있다. 나무, 쇠, 돌, 유리, 도자기, 종이, 플라스틱, 직물 또한 다양한 천들, 다양한 나무들, 땅콩류, 카스타니아, 솔방울, 모래, 흙들을 가지고 할 수 있다. 어린이들은 항상 서로 다른 온기 지각을 하고, 이 지각이 물질과 관련이 있다는 것을 배우게 된다.

• 옷 – 세분화된 온기 느낌의 육성을 위해 어린이들이 춥든 덥든 간에 모든 날씨를 바깥에서 경험하는 것은 중요하다. 그러나 이때 우리는 어린이들이 날씨에 적합한 옷차림을 하도록 보살펴야 한다. 이렇게 해야만 어린이들은 온기 지각을 해석하고 바르게 반응하는 법을 점차 배울 수 있다.

5.3 의사소통감각

5.3.1 청각 – 감각 8

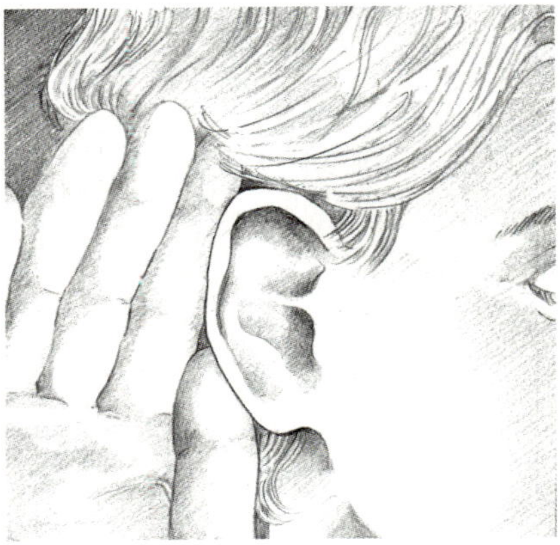

상황/시설

• 재료 – 듣기 위해서 우리는 많은 재료가 필요하다. 같은 크기의 같은 재료는 같은 소리가 난다. 그러나 모든 관계에서 다양함은 필요하다. 우리는 유아교육기관에 지정된 놀잇감을 상자에 정돈해 놓는 것뿐만 아니라 어린이들이 모래놀이 영역에서 가지고 놀 수 있는 폐품이 된 냄비, 뚜껑, 수저가 필요하다. 그리고 또 이것들 외에도 많은 종류의 재료를 사용할 수 있다. 왜냐하면 어린이들은 자신들이 만들어 낸 다양한 소음과 울림을 들을수록 청각이 더욱 섬세해지기 때문이다. 그리고 또한 어린이들이 가끔 신문지이나 다른 종이류를 가지고 놀이를 하며 비행기, 공, 구형을 만드는 것이 허락되어야 한다. 혹시 집에서 부엌기구를 장만했을 때 우리는 포장(마분지) 상자를 가져다가 어린이들이 그 안에 들어가서 놀이를 하도록 놓아둔다. 마분지 상자의 다양한 크기에 따른 울림을 체험하는 것을 제쳐두고도, 어린이들은 상자 안에 앉아서 바깥으로부터 무슨 소리를 어떻게 들을 수 있는지를 경험하게 되며 또한 그들이 상자 안에서 말하는 것이 보통 때와 다르게 울린다는 것도 경험하게 된다. 작은 상자들도 북이 되어 다양한 높이의 소리놀이를 하는 데 도움이 될 수 있다.

• 악기 – 물론 모든 유아교육기관에 악기가 있는 것은 당연하다. 그로 인해 어린이들은 순수한 음과, 다양한 악기, 즉 트라이앵글, 소리막대, 종, 실로폰, 플루

트, 어린이하프, 북 등의 울림의 특성을 알게 된다. 어린이들이 스스로 연주할 수 있게 허용되어야 하며, 이때 어린이들은 어떻게 악기를 다루어야 하는지를 배운다. 어떤 어린이들은 노래나 인형극을 하면서도 악기 연주도 할 수 있다.

놀이

- 소음과 소리 – 만일 놀이할 때 소음이 너무 커지면 – 작업대에서는 말을 하고, 망치질을 하고 있으며 다른 곳에서는 냄비와 뚜껑이 부딪히고 있고, 그 옆에는 의자와 널빤지로 집을 짓고 있으며, 바구니에 들어 있던 나무토막들이 쏟아졌다 – 우리는 어린이들에게 과제를 내줄 수 있다. 우리는 어린이들에게 잠시 중단하도록 부탁한다. 그리고서 모든 집단들 또는 개별적인 어린이로 하여금 자기들의 활동 또는 놀이 소리를 다른 아이들에게 들려주도록 한다. 듣는 아이들에게는 어떻게 소리가 들리는지, 소리가 놀이나 작업의 소음과 똑같거나 아니면 비슷한 것이 무엇인지 찾아내게 한다. 반에서 음악적인 것을 실행하고자 한다면, 소음과 소리를 높낮이에 따라 배열해 보는 과제를 내줄 수 있다.

- '병 피아노' 만들기 – 우리는 악기를 보충할 수 있는데, 어린이들이 바깥에서 유리병과 물을 가지고 실험해 볼 수 있게 함으로써 악기를 보충해 줄 수 있다. 물을 넣으면 유리병의 소리가 달라진다는 사실을 어린이들이 알게 되면, 어린이들과 함께 음계의 음에 맞도록 물을 담아 음에 따라 배열하여 병 피아노를 만들어볼 수 있다. 소리막대를 위한 막대기를 가지고 우리는 '병 피아노'로 노래를 연주할 수 있다.

- 소리와 울림연주 – 우리는 어린이들이 각자 재료를 선택하여 그것으로 어떤 소음이나 소리를 내고 싶은지 찾을 때까지 실험함으로써 앞의 경험을 확장시킬 수 있다. 이후, 원으로 둘러 앉아 각 어린이가 내는 울림 또는 소리에 따른 대

열로 공연을 한다. 우리는 공연을 다양한 방법으로 이어갈 수 있다 : 대열에 따라 연주하거나, 각자 자기의 소리를 두 번 내지 세 번을 내곤 한다. 어린이들이 이 방법을 연습하고 나면 어른이 지휘자처럼 각 어린이에게 시작 신호를 보내면서 아주 재밌는 콘서트를 할 수 있다. 줄에 따라 연주하거나 얼마나 자주 연주하는가는 모두 지휘자가 결정한다. 가끔 큰 아이들은 스스로 지휘자가 될 수 있다.

- 소리 알아맞히기 – 어린이들이 이런 방법으로 많은 소리와 울림을 알게 되고 나면, 우리는 퀴즈놀이를 할 수 있다. 어린이들이 원에서 안쪽을 향해 앉아서 눈을 감는다. 어떤 어린이들은 아이들 등 뒤에서 몇 개의 소리와 울림을 연주하거나 빈 상자를 두드리거나 종이를 구기거나 종을 울리거나 두 개의 나무를 두드린다. 원에 있는 어린이들은 그것이 각각 무엇의 소리인지를 알아맞혀야 한다. 우리는 이 놀이를 알아맞히는 어린이로 하여금 교실 공간의 어디에서 이 소리 또는 음이 울리는지를 듣고 맞추도록 확장할 수 있다.

- 눈먼 소 – 놀이의 변형으로서 이리저리 돌아다니는 어린이들이 콧소리나 혀 차는 소리를 눈먼 소가 찾아낼 수 있도록 하는 놀이를 도입할 수 있다.

- 딱따구리가 어디 있나? – 어린이들이 원으로 둘러앉아 있고 두 명의 어린이가 놀이를 한다. 한 명은 원 안에 있고, 다른 한 명은 원 밖에 있다. 원 안의 아이는 눈을 가리고 원 밖에 있는 다른 아이(즉, 딱따구리)가 어디에 있는지를 알아맞혀야 한다. 딱따구리는 아주 조용히 움직인다. 예를 들어 원 주변을 양말을 신고 돌아다니다가 멈추고 두 개의 나무막대를 친다. 눈을 가린 아이는 어디에 딱따구리가 있는지를 알아맞혀야 한다. 방향을 맞게 알아맞히면, 딱따구리는 원 안으로 들어가서 다음 알아맞히기를 하게 되고 다른 어린이가 딱따구리가 된다.

5.3.1.1 듣기의 조형감각 – 감각 10

활동

• 노래 부르기 – 우리는 어린이들과 노래를 많이 불러야 한다. 노래 부르기는 멜로디와 리듬의 지각을 촉진해 주고, 노래 부르기는 언어 발달이 잘 이루어지기 위한 중요한 전제조건이 되는데, 본래 어린이들 삶의 요소이기도 하다. 특히 풍요로워질 때는 우리 스스로가 노래 부르기를 즐겁게 할 때나 우리가 노래를 부르고 싶어질 때나 활동과 노래가 잘 어울릴 때이다.

• 이야기 들려주기와 읽어주기 – 이야기 들려주기와 읽어주기는 어린이들의 언어 발달을 위해 중요하다. 우리가 들려주는 것과 읽어주는 것은 내용뿐만 아니라, 이때 사용된 언어에 따라 선택해야 한다. 중요한 것은 어린이들에게 소리는 아름다운 언어, 그림적이고 무미건조하지 않은 또는 추상적이지 않은 언어이다. 왜냐하면 어린이들이 듣는 것은 결국 언어 발달에 도움을 줄 수 있어야 하기 때문이다. 동화 중에는 그림형제에 의한 언어적 표현양식이 아직도 가장 좋다.

• 시구와 운율 – 우리는 다양한 기회에 사용하게 될 시구와 운율의 기반을 습득해야 한다. 물론 우리가 직접 만들어보는 것은 더 좋다. 시구와 운율[15) 그러니까 시적인 언어는 추상적이거나 일상적인 언어보다 훨씬 더 많이 강하고 오래 지속되는 효과가 있다. 이런 사실을 우리는 다음과 같은 구절에서 알 수 있다 :

Heile, Heile Segen (나아라, 나아라 축복을 받아서)
Drei Tage Regen (3일 동안 비가 내리고)
Drei Tage Schnee (3일 동안 눈이 내리고)
Dann tut es nicht mehr weh! (그러면 더 이상 아프지 않아!)

놀이

- 말놀이 – 유아교육기관에서의 일과 중 항상 짧은 말놀이를 하는 기회가 있는데, 예를 들어 모두 함께 하는 식사 시간에 모든 어린이들이 먹기를 아직 다 마치지 못했을 때, 또는 몇 명의 어린이들이 미술 영역에 앉았을 때 하고 있다. 우리가 지금 가위로 자르기를 하고 있다면 자를 때 나는 소리과 비슷한 단순한 단어들을 모은다. 그것이 진짜 단어든 아니면 만든 단어든, 예를 들면 이런 것이 있다 : Leiden, Reiden, meiden, neiden, feiden, weiden(라이덴, 라이덴, 마이덴, 나이덴, 파이덴, 봐이덴)…그리고 교사가 몇 명의 어린이들과 그림 그리기를 하고 있다면, 이런 말들을 만들어 사용할 수 있다 : talen, salen, ralen, schalen(탈렌, 살렌, 랄렌, 솰렌)…재미난 것은 우리가 그것들을 가지고 짧은 문장을 만들어 변형할 때이다. 예를 들어 : 해님이 비친다(die Sonne scheint), 해님이 운다(die Sonne weint), 해님이 흐느낀다(die Sonne greint), 해님이 beint, 해님이 teint…(역자 주 : 아무 의미 없는 단어들도 운율이 같은 동사로 사용함), 이것은 단지 동사 때문에 재미있는 것은 아니다.

- 의성어 – 단어들의 그룹에는 울림 조성이 중요하고 울림 조성으로 말놀이를 잘 할 수 있게 하는 것이 있는데, 그것은 바로 의성어들이다. 예를 들어 달가닥거리다, 덜커덩거리다, 딸그랑거리다, 바스락거리다, 낄낄거리다 등이 있다. 우

15) Literatur zu Verse und Reime : Distel (1996), Internationale Vereinigung der Waldorfkindergärten(2000)

리는 달가닥거릴 뿐만 아니라, 따그닥거리고, 재각거리거나 똑똑거릴 수도 있다. 어떤 덜거덕거림은 오히려 딸그락거림이, 어떤 바스락거림은 와삭거림일 수 있다. 우리가 여기에서 그런 말들을 발견함으로써 어린이들을 고무하고자 한다면, 우리는 어린이들의 언어 느낌을 더 강화시키게 된다.

• 술래 정할 때 사용하는 세기 시구－우리는 무지하게 많은 세기 시구들을 살피고 어린이들에게 가르쳐야만 한다. 우리는 어린이들과 함께 새로운 세기 시구를 만들 수도 있다. 예를 들어 다양한 기회들이 있다. 세 개의 예를 들어보기로 하자.

이칠리 푸칠리 까마귀발,
알아맞춰봐 누가 찾아야 하는지!
이칠리 푸칠리 부
바로 너!

에네 데네 디쉐 닷쉐
비벨레 비벨레 붐디크나쉐
비벨레 비벨레 밥
그리고 너부터

나는 불쌍한 까마귀
내가 가진 모든 것은
한 마리 뚱뚱한 이
그리고 너는 나가

• 노래놀이와 라이겐－만일 말이 몸짓이나 표현하는 놀이로 보완된다면, 언어발달을 위해 유익하며 자신의 표현능력을 연습시켜준다. 다음의 예에서 소리와 몸짓으로 악기 소리를 따라 한 것을 보여주겠다.

악보 : 나는 유랑 악사

노래를 한 사람이 아니라 교사와 반 전체의 어린이들이 부르기 때문에 우리는 가사를 약간 변경시킬 수 있다. 그러면 이렇게 된다 : 우린 방랑하는 악사 슈바벤에서 왔죠. 우린 연주해요 트럼펫을 들고 태태테래 태태테래… 다음 절에서는 트럼펫 대신 다른 악기, 예를 들어 바이올린, 플루트, 북, 종치기를 넣고 그리고 의성어로 따라 할 수 있다. 바이올린의 경우 우리는 '디델 숨, 숨, 숨, 디델 숨 숨 숨'으로, 플루트의 경우 '튀튀 튓, 튓, 튀튀 튓, 튓'으로, 북인 경우 '붐붐 베룸, 붐붐 베룸' 그리고 종치기의 경우 '빔빔 벨림, 빔빔 벨림'으로 해 보자. 또 다른 악기의 경우 악기의 울림을 가지고 첨부할 수 있다. 거기에 적당한 몸짓이나 움직임을 하면서 악기를 몸짓으로 연주하도록 하는데, 우리는 악기들을 진짜 어떻게 연주하는지 이미 알고 있어야 한다.

5.3.1.2 듣기의 의미감각－감각 11

활동

• 어휘－우리가 한 가지 잊어서는 안 되는 것이 있는데, 그것은 특별히 이 장에 속하는 것이다. 교육에 있어서 우리는 모범인이 되어 어린이들과 같은 단계가 아닌 어린이들 위의 수준을 가지고 서야 한다. 그렇지 않으면 어린이들이 눈과 귀가 앞을 향해 발달할 수 있는 목표를 가질 수 없다. 언어에 있어서 이것은 이런 의미이다 : 우리는 어린이들이 언어적으로 고무되고 촉진될 수 있게 하기 위해 풍부한 어휘가 필요하다.

• 이야기 들려주기와 읽어주기－이것 또한 우리가 무엇을 들려주고 읽어주느냐에 따라 큰 역할을 한다. 그것은 그냥 단순하거나 유치한 텍스트여서는 안 된다. 그러나 종종 이런 그림책들이 발견되고 있다. 그림형제의 동화 같이 수준 있고 아름다운 언어로 된 동화가 매우 좋다. 또는 우리가 직접 고안한 동화도 괜찮다. 또한 드라마틱하게 읽어주거나 들려주지 않는 것이 더 낫다. 이야기에 필요한 감정의 표현은 언어 자체에 이미 잘 포함되어 있다. 우리가 그것을 드라마틱하게 고조시킨다면, 어린이들에게 감정적인 전달로부터 의미를 구분하기 어렵게 한다.

• 이야기 재연하기－우리는 어린이와 그림책이나 그림을 보고 있을 때, 어린이에게 무엇을 볼 수 있었는지 한번 말해 보라고 청할 수 있다. 어린이가 떠올리

지 못하거나 이름을 모르는 것은 어린이의 어휘에 새로운 것을 추가할 수 있도록 우리가 보충해 줄 수 있다. 아마도 어린이는 그것으로부터 전체 이야기를 재연할 수 있을 것이다. 들었던 이야기를 재연하는 것은 유아교육기관의 어린이에게는 적당하지 않다. 취학 바로 전에 있는 어린이의 경우가 할 수 있을 것이다.

놀이

- 수수께끼 알아맞히기 – 이것은 곧 학교에 들어갈 좀 큰 아이들에게 적당하다. 수수께끼를 내면, 하나의 의미가 다른 말로 표현되고, 알아맞혀야 하는 사람은 그 사이를 채워서 해답에서 빠진 단어, 사물, 실체를 찾아야 한다. 이 어린이들을 위해 물론 쉬운 수수께끼를 내야 한다. 예를 들어 :
  튀어서 가는 것이 있는데 발이 없는 것은? 또는
  마르는데 젖는 것은? 그리고
  비가 오면 무엇이 열리나?[16)]
  (해답은 각주를 보시오)
  우리가 어린이들에게 수수께끼를 짧은 이야기나 대화로 만들어주면, 수수께끼로의 접근을 쉽게 해줄 수 있다. 가장 좋은 것은 우리가 이 대화를 인형극으로 놀이하면서 하는 것이다.[17)]

16) 해답은 : 공, 수건, 우산

17) 좋은 예를 Arndt/Singer (2004) 135쪽에서 찾을 수 있다. 또한 거기에서 어린이들을 위한 수수께끼 모음집을 발견할 수 있다.

5.3.1.3 듣기의 스타일감각－감각 12

놀이

- 한스야, 짹짹 거려봐－어린이들은 원으로 둘러앉는다. 한 어린이가 눈을 가리고 자기가 어느 방향을 향하고 있는지 더 이상 알 수 없도록 두 번을 돌고서 시작한다. 이 어린이는 가운데에서부터 조심스럽게 원으로 다가가서 한 어린이의 무릎에 앉는다. 그 다음 "한스야, 짹짹 거려봐"라고 말한다. 그러면 그 어린이가 "짹짹"하고 대답한다. 눈을 가린 어린이는 이 어린이가 누구인지 알아내야만 한다. 잘못 알아맞혔다면, 다른 곳으로 가게 한다. 옳게 맞히면, 그 자리에 있던 어린이가 이제 가운데로 간다.

- 연못의 개구리－모든 어린이들이 원으로 둘러 앉아 안을 향하고 팔꿈치를 무릎에 괸 후 눈을 감고 두 손으로 덮는다. 그런 다음 교사는 아무 말을 하지 않고 손가락으로 콕콕 찍어 네다섯 명의 어린이들을 골라 아주 조용히 원으로부터 벗어나도록 한다. 이 어린이들 중의 한 명은 개구리로서 연못 주변을 팔짝팔짝 뛰며 개굴개굴 거린다. 원으로 앉아 있는 어린이들은 누가 그렇게 뛰고 소리를 내는지 알아맞힌다. 알아맞히면, 개구리는 곧 원으로 돌아가고, 다음 개구리 차례가 되어 계속한다. 다음번엔 다른 어린이들이 개구리가 될 수 있다.

5.3.2 시각-감각 9

상황/시설

• 설비-보는 것은 고무적이고 세분화된 것이어야 하지만, 현란하지 않은 주변 환경이 필요하다. 우리가 주변을 돌아보면, 벽은 가장 좋게는 라주어방법으로 칠하고, 가구는 나무로 만들어진 것을 선택한다. 나무의 표면은 나뭇결로 인해 항상 풍부하고 다양한 색을 가지고 있다.

프리즘 유리

• 재료-재료를 시각적인 현상으로 알아보고 구별하기를 배우기 위해서는 다양한 재료들에 대한 경험이 필요하다. 또한 보기를 수련하기 위해서도 어린이들이 다양하고 많은 재료들을 마음대로 사용하게 하는 것이 중요하다.

• 프리즘 유리-우리가 오래된 유리 샹들리에 같은 깎아 만든 유리를 창가에 걸어두는 것은 경험을 풍부하게 해 준다. 우리는 유리 샹들리에를 벼룩시장에서 찾을 수 있는데, 요즈음은 미술이나 장식용품 가게에서도 구할 수 있다. 유리 샹들리에는 벽에 무지개 색깔의 빛나는 색채반점을 투사한다. 전제조건으로 걸어놓은 유리쪽을 태양이 비추어야만 한다.

활동

• 대청소-가끔은 유아교육기관에서 대청소도 해야 한다. 대청소는 어린이들과

함께 수행되어야 한다. 일상적인 청소 또한 경험의 가능성들을 제공해 준다. 청소를 하면서 어린이들은 우리가 닦은 면을 빛에 비추어 보면서 먼지가 닦아졌는지 주의를 기울이게 된다. 또한 우리는 청소 중 탁자의 윗면이 아직 젖어 있는지 또는 말랐는지를 본다. 어린이들은 바닥, 가구, 부엌의 작업대, 창가의 거울을 검사하는 즐거움을 가지게 된다. 우리는 또한 어린이들로 하여금 신발을 닦게 하고, 광채를 잘 냈는지 점검해 보도록 하자.

• 꽃과 잎 관찰하기 – 꽃을 관찰하기 위해 규칙적인 정원 산책을(후각 참조), 보기를 위해서도 물론 이용할 수 있다. 우리는 어린이들과 함께 꽃만이 아니라, 녹색의 잎들과 꽃잎들을 정확하게 관찰하고 경탄하며 꽃을 햇빛이 비추게 놓는다. 어린이들이 다양한 물질들에 대해 경험을 하면, 어린이들은 빨리 어떤 유사점들을 발견하고 자연이 이루어낸 것에 대해 놀라워한다.

꽃 모으기

• 식물로 색깔내기 – 이를 위해 우리는 반나절만큼의 긴 시간이 필요하다. 꽃들, 잎들, 풀들 그리고 과일과 흙을 어린이들과 함께 모으되, 모아야 할 것을 사전에 미리 정한다. 각 어린이들은 한 가지 종류만을 수집하여 미리 약속한 곳에 가져다 놓는다. 우리는 각 색깔을 어떻게 하면 가장 잘 얻을 수 있는지에 대하여 모든 것을 이미 실험해 보고 알고 있다. 자연에서 얻어진 색은 어떻게 사용될 수 있을까? 대부분의 경우 꽃, 잎 또는 풀을 직접 종이에 짓눌러서 손가락으로 그림을 그린다. 흙은 약간의 물을 가지고 저어서 사용하고, 딸기 종류는 접시에 즙을 짜내어 사용한다.

색깔내기

아주 조금씩 만의 색을 얻을 수 있기 때문에 그림 그리기에는 우편엽서 크기의 작은 종이가 적당하다. 종이는 하루 전에 어린이들과 함께 잘라 놓는다. 어린이들은 이런 색이 얼마나 값진 것인지를 체험해야만 하므로 이런 시도는 절도 있게 진행하여 색깔을 아무데나 문지르지 않도록 하는 것이 중요하다. 그림 그리기를 하고 나면 아마도 어버이날 또는 생일을 위한 아주 특별한 선물이 완성될 것이다.

놀이

• 나는 너희들이 보지 못하는 색깔을 본다 – 이 게임은 다양한 색깔을 보고 발견하는 것을 연습하게 한다. 한 어린이가 원 밖에서 시작하는데, 첫 번째로 문제를 낸다. 이 어린이는 몰래 색깔이 눈에 띄는 한 물건을 선택하고 말하기를 : "나는 너희들이 보지 못하는 색깔을 본다. 그런데 그것은 ~색이야" 이렇게 자신이 선택한 색깔을 말한다. 그러면 다른 어린이들이 어떤 물건인지 알아맞힌다. 알아맞히는 사람은 다음 차례로 문제를 낸다. 색깔 대신 형태를 말해 볼 수도 있다.

5.3.2.1 보기의 조형감각 – 감각 10

상황/시설

• 색 조형 – 어린이들의 색에 대한 느낌을 발달시켜주고자 한다면, 우리 스스로가 먼저 주의하여 색을 다루어야 한다. 이것은 색깔 구성을 결정해야 하는 곳이면 어디든지 의식적으로 색을 선택해야 한다는 것을 의미한다. 예를 들어 계절의 분위기에 따라서 계절탁자를 꾸미고 탁자 장식이나 벽장식 또는 색으로 구성할 가능성이 있는 곳이라면

어디든지 말이다. 우리는 그림도 이러한 관점에서 선택할 수 있다. 그리고 끝으로 우리의 옷 색깔도 어린이들에게 영향을 미친다는 사실을 잊어서는 안 된다.

• 형태 조형－식탁이나 과일접시를 장식하고 벽에다 무엇을, 어디에 거는 등 우리가 무엇인가를 어떻게 구성하는가는 어린이들의 조형 지각을 결정한다. 그것은 그릇이나 기타 다른 물건들의 디자인이나 교실의 전체 시설에 있어서도 마찬가지다. 그렇다고 우리가 모든 것에 영향을 미칠 수는 없다. 그래도 우리가 직접 무엇인가 구성할 수 있는 곳이라면 조형이 주는 효과에 대하여 유의해야 한다. 예를 들어 계절탁자를 꾸민다든지, 아침식사 식탁을 장식하거나 생일상을 구성할 때, 이런 곳에 어린이들을 함께 포함시킨다면, 우리는 조형감각뿐만 아니라 미적 감성까지도 발달시키게 된다.

창가에 겨울에 대한 형상이 구성되었다

활동

• 습식 수채화 그리기－습식 수채화 그리기는 어린이들에게 색에 대한 체험을 연결해 주는 데 특별히 적합하다. 이때 우리는 어린이들에게 물감을 마음껏 사용할 수 있게 해 주어야 한다. 왜냐하면 어린이들이 물감으로 평면 구성을 쉽게 할 수 있기 때문이다. 색깔은 종이 위에 흐르고 서로 섞여도 된다. 종이를 그리기 이전에 적셔서 사용하면, 이 효과는 더 강해지고 어린이들은 흥미로운 발견을 많이 할 수 있다. 물감으로 그림 그리기는 어린이들의 색에 대한 느낌을 깨우는 데 특히 적합하다. 어린이들은 그릴 때 우선 붓으로 그린다. 큰 아이들은 무엇인가 표현하고 싶어 한다. 그 아이들이 색깔에 대한 체험을 할 수 있도록 표현하려는 행위를 저지시켜야 한다. 가장 좋은 방법은 그림 그리

습식 수채화 그리기

기를 시작할 때 우리 스스로가 어린이들과 함께 그리면서 그림을 어떻게 다르게 그릴 수 있는지를 보여줌으로써 이루어지게 하는 것이다. 방법적으로는 색깔을 제한하는 것이 중요한데, 초기에 파랑과 노랑 또는 노랑과 빨강의 단지 두 개의 색깔만을 제공한다. 그러면 색깔들이 어떻게 섞이는지, 색깔들이 서로 강하게 되는지 아니면 약화되는지, 종이 위에서 색깔에 어떤 변화가 일어나는지를 어린이들은 쉽게 관찰할 수 있다. 우리는 어린이들에게 과제를 주어서는 안 된다. 어린이들은 스스로 과제를 발견한다.

놀이

- 무엇인가 변화시키기 – 우리는 그림을 하나 치운다든지, 사물 하나를 장식한다든지 또는 무엇인가를 더한다든지 하면서, 하루씩 교실 안에 있는 조형물의 무엇인가를 변화시킨다. 그리고는 아침모임 시간이나 적당한 시간에 어린이들에게 무엇이 빠졌는지, 무엇이 더해졌는지를 알아차렸는지 물어본다. 어린이 하나나 여러 명이 그것을 알아차렸으면, 모든 아이들과 함께 그것을 관찰하고, 내일 다시 놀라운 일이 생길 것이라는 점을 알린다.

5.3.2.2 보기의 의미감각 – 감각 11

활동

- 수작업 – 우리가 어린이들의 눈앞에서 바느질, 뜨개질, 수선하기, 빨래 접기와 같은 수공업이나 집안일 같은 수작업을 행한다면, 어린이들에게 조형적이다. 어린이들은 이런 행위의 의미와 논리를 지각하고 있다. 어린이들은 이런 작업을

놀이에 적용하고, 이를 통해 기억할 수 있게 된다.

- 그림책 – 우리는 한두 아이들과 함께 그림책이나 개별적인 그림을 보면서 어린이들로 하여금 그들이 본 것을 설명하게 하거나 그것을 가지고 이야기를 만들어보게도 해 본다. 이야기는 자유로울 수 있으나 그림에서 볼 수 있는 것과 맞아야 한다.

- 몸짓놀이 – 우리는 어린이들에게 짧은 이야기 하나를 들려주고 단어들을 몸짓이나 손짓으로 표현한다. 다음날에는 그 이야기를 판토마임으로 말없이 들려준다.

- 인형극 – 우리가 읽어주었거나 들려주었던 동화나 이야기를 간단한 인형과 무대로 공연을 해 준다. 무대는 탁자 위에 천 몇 개와 주변의 다양한 물건들로 적절히 산과 들을 구성한다. 나무들과 집들은 나뭇가지와 나무토막 또는 나무껍질로 암시한다. 인형 조종은 뒤에서 한다. 짧은 이야기를 가지고 손가락 인형극을 해 주는 것도 즐거운 일이다. 인형극을 할 수 있다면, 줄 인형극도 해줄 수 있을 것이다.

놀이

- 무엇이 없어졌지? – 한 가운데에는 물건 몇 개를 둔다. 이것들을 짧은 시간 동안 보게 한다. 그리고서 한 어린이가 문 밖으로 간다. 그 중 한 개를 치우고 그 어린이를 들어오게 하고 무엇이 없는지 알아맞혀 보라고 한다. 능숙해지면 놀이를 이렇게 변형시킬 수도 있다. 물건들 위로 보자기 하나를 덮고, 아무도 보지 못하게 물건들 중 하나를 다시 뺀다. 이 경우에는 아무도 문 밖으로 나가지

않아도 된다.

- 그림자놀이 – 밝고 훤히 비치는 천을 정원쪽으로 열린 문에 또는 다른 곳에 태양이 그 천에 비추도록 매단다. 태양 대신 밝은 램프를 사용할 수도 있다. 물건 하나를 태양빛과 천 사이에 들고서 반대편에 앉아 있는 어린이들로 하여금 어느 물건인지를 알아맞히도록 한다. 우리는 손으로 동물 모양을 흉내 내고 알아맞히게 할 수도 있다. 천 뒤에서 어린이도 참여해 보도록 할 수도 있다.

- 그림자극 놀이 – 견고하고 납작한 상자나 뚜껑에 네모난 구멍을 잘라내고 기름종이나 건축설계사용 투사 용지로 열린 곳을 붙인다. 이곳은 최소한 A4용지 정도로 커야 한다. 이 그림자 무대를 탁자 위에 잘 세울 수 있도록 우리는 나무판자나 견고한 마분지에 고정시킬 수 있다. 그 뒤에는 스탠드 램프 또는 탁상용 램프를 세워 놓는다. 그리고 작은 종이로 만든 집, 나무, 산과 들 등의 모형을 잘라 놓는다. 우리가 그것들을 다른 쪽의 관람객들이 잘 볼 수 있게 선명한 그림자가 형성되도록 빛의 초점에 맞추어 놓고, 이야기 하나를 시작할 수 있다. 이때 큰 아이들은 모형을 자를 때나 그림자 인형극을 할 때도 참여할 수 있다. 이 순간 어린이들에게는 어떻게 의자나 다른 사물의 모형을 잘라야만 그림자 윤곽으로 잘 알아볼 수 있는지에 대한 질문이 생긴다. 큰 아이들에게는 좋은 연습이 된다.

- 손으로 말하기 – 아침식사 때 또는 다른 적당한 시간에 입을 다물고 있으면서 오로지 손과 표정으로만 의사소통을 하는 그런 날도 있을 법하다. 처음의 주저함이 극복되면, 그것이 가능하다는 것과 무척 재미있다는 것을 확인할 수 있을 것이다.

- 손동작 놀이 – 손동작 놀이를 할 때에는 짧은 묘사적인 그리고 상징적인 손짓

을 연습하게 되는데, 그렇게 애쓰지 않아도 된다. 우리에게는 단지 손가락만 있으면 되므로 일과 중에 손동작 놀이를 삽입할 수 있다. 예를 들면 :

소녀가 올라갑니다. 우산을 가지고 탑 위로	–엄지 손가락을 위로 한 주먹, 그리고 손을 펴서 그 위로 올려 우산을 든 소녀를 만든다. 소녀는 탑 위로 원형 계단을 올라간다.
폭풍이 오니, 소녀는 짐을 쌉니다. 우산에다가	–폭풍으로 우산이 흔들린다.
소녀가 날아갑니다. 우산을 가지고 탑을 떠납니다.	–소녀가 우산을 들고 조금 날아간다.
그리고 소녀는 도착합니다. 우산을 가지고 모래 위로	–그리고 상상의 모래 위에 도착한다.

• 노래 부르기와 라이겐 – 어떤 노래들은 노래 부르기 놀이 또는 라이겐[18]하기에 적합한 것이 있는데, 노래를 부르면서 예를 들어 행위를 몸짓으로 묘사한다. 여기에 두 개의 예를 들어 보겠다 :

18) Literatur zu Fingerspielen und Reigen : Pausewang(1996), Ellersiek(2002) Arndt/Singer(2004)

이어지는 절에서는 빨래해요가 나오는 곳에 항상 다른 행위를 넣는다 : 2. 빨래 헹궈요, 3. 빨래 짜요, 4. 빨래 널어요, 5. 빨래 접어요, 6. 빨래 펼쳐요, 7. 빨래 다려요, 8. 수다 떨어요, 9. 그만 쉬어요, 10. 춤을 춰요

우리는 노래를 부를 때 원으로 서고 노래의 첫 번째 줄에서는 (발을 보여 주세요…) 발을 오른쪽 왼쪽, 오른쪽 왼쪽을 교대로 앞으로 뺀다. 두 번째 줄에서는 몸짓으로 노랫말의 행위를 표현한다. 마지막에는 두 어린이씩 짝을 지어 손을 잡고 춤을 춘다. 빨래 아줌마는 톱질하고, 망치질하거나 구멍을 뚫는 등의 수공업자로 대체해도 된다.

이 노래에서도 절마다 행위를 바꾸어 볼 수 있다. 다시 말해 2. **갈퀴질 해요**, 3. **톱질해요**, 4. **물을 줘요**, 5. **잡초 뽑아요**, 6. **수확해요**

우선 노랫말에 있는 행위를 몸짓으로 함께 표현한다. 그러나 그것뿐만 아니라 매 절의 시작 부분마다 마가렛에게 아침 인사를 하고 마지막 부분에서는 행해진 일에 대하여 놀라워한다. 얼마 동안 그렇게 하고 나면, 두 그룹으로 나누어 한 팀은 마가렛을 하고 다른 한 팀은 질문하고 돕는 역할을 맡을 수 있다.

우리는 노래를 긴 이야기로 만들어서 노래의 내용이 이야기에서의 결과를 묘사하도록 라이겐을 할 수도 있다.

5.3.2.3 보기의 스타일감각 – 감각 12

놀이

- 원에서 누가 없어졌나? – 우리는 모두 원으로 둘러앉는다. 한 어린이가 문 밖으로 나간다. 한 어린이가 가운데 바닥으로 가서 커다란 보자기 안으로 숨는다. 문 밖에 있던 어린이는 부르면 들어와서 누가 없어졌는지를 알아맞힌다. 숨어 있던 어린이는 다음에 문 밖으로 나가고 누가 없어졌는지 알아맞힌다.

- 그림자 알아내기 – 그림자놀이의 아주 좋은 변형방법은 한 어린이를 그림자로만 찾아내어야 하는 것이다. 우선 두 그룹으로 나누고, 한 팀의 어린이들은 앉아서 알아맞히기를 한다. 다른 팀의 어린이들은 캔버스 뒤로 가서 그림자가 캔버스에 나타나도록 한 명씩 빛과 캔버스 사이에 등장한다. 그런데 어린이들이 아주 자연스러워지면, 알아맞히는 어린이들도 누군지 쉽게 알아낼 수 있다. 우리는 알아맞혀야 하는 어린이들이 캔버스 뒤에 등장한 어린이를 보지 않도록 주의해야 한다. 침대보로도 캔버스를 대체할 수 있다.

5.3.3 촉감 – 감각 1

상황/시설

- 재료 – 재료의 다양함은 촉감의 학습을 위해 매우 중요하다. 우리는 어린이들이 재료를 가지고 놀이할 때 정말 서로 다른 지각을 할 수 있도록 유의해야 한다. 다양한 재료, 즉 나무, 쇠, 플라스틱, 천, 모래 등을 마음껏 사용할 수 있다면, 또한 나무가 다양한 표면으로 되어 있다면, 즉 나무 그 자체이거나 연마되었거나 왁스가 칠해졌거나 니스

가 칠해진 것들이 그것이다. 가장 다양한 촉감의 지각은 자연 그대로의 나무다. 나무줄기, 나뭇가지, 나무껍질 조각, 뿌리, 잎들은 서로 전혀 같지 않다. 카스타니아와 솔방울은 마찬가지로 나무 블록이나 플라스틱과는 달리 촉감에 흥미로운 표면을 가지고 있다. 또한 천들도 마찬가지로 매끈한 것, 거친 것, 뻣뻣한 것, 부드럽게 찰랑거리는 것, 두꺼운 것, 얇은 것 등 다양한 재료가 중요하다. 모피, 종이, 마분지에 있어서도 역시 마찬가지다. 커다란 모래 영역의 의미와 흙장난을 할 수 있는 가능성은 이미 언급한 바 있다. 다양성과 재료의 질이 얼마나 중요한지는 보기와 듣기 감각을 위한 의미에서 볼 수 있다.

활동

- 생활 작업–우리는 일을 할 때, 즉 생활 작업을 할 때, 재료의 촉감 속성을 가장 뚜렷하게 지각한다. 생활 작업을 어린이들에게도 가능하게 해 주어야 한다. 예를 들어 과일이나 채소를 썰고 빵에 버터를 바르며 반죽을 하고 빨래를 매끄럽게 문지르거나 놀이 천을 접고, 설거지하며 그릇을 마른 수건으로 닦고 식탁을 차리며 탁자를 닦고 종이를 접거나 자르고 바느질하며 직조하고 노끈을 감으며 카스타니아·솔방울·나무껍질을 모으고 놀잇감을 정리하는 기타 여러 가지가 있다.

놀이

- 옷감 상점–유아교육기관 전체나 교실에 있는 모든 천과 보자기, 천 조각들, 역할 영역의 옷가지들을 모아서 종류별로 분류하고 정리한다. 이때 우리는 어린이들에게 손가락으로 어떻게 천의 질을 검사해 볼 수 있는지를 보여준다. 아마 어린이들도 그것을 해 보고 싶어 할 것이다. 그것으로부터 옷감 상점 놀이가 시작될 수 있다.

• 재료 분류하기 – 우리가 가을에 산책을 하며 숲에서 나뭇잎, 나무껍질, 솔방울, 도토리, 카스타니아 등의 재료들을 모아서 유아교육기관으로 돌아와 한 무더기 모두 쏟아 붓고 어린이들로 하여금 눈을 동여매어 가리고 분류해 보게 한다. 우리가 능숙하게 이것을 도입하면, 어린이들은 다투어 하게 될 것이다.

5.3.3.1 접촉의 조형감각 – 감각 10

활동

• 주무르기 조형활동 – 촉감의 조형지각을 위한 가장 좋은 연습은 우리가 어린이들과 함께 점토로 소꿉놀이 그릇을 만들어서 굽거나 또는 점토나 밀가루반죽, 밀랍으로 동물이나 사람의 모형을 만들어 볼 때이다.

주무르기 활동

• 진동 느껴보기 – 우리가 현악기, 북, 실로폰 또는 피아노와 같은 악기 하나를 연주하면, 매 소리마다 공명체가 함께 진동하고 있다. 어린이들로 하여금 연주하는 동안 그들의 손을 공명체에 대도록 해 보자. 어린이들은 큰 소리는 작은 소리와 달리, 높은 음은 낮은 음에서와는 달리 진동하고 있음을 알게 될 것이다. 그리고 어른이 노래를 부르거나 말을 할 때 어린이들의 손을 어른의 등 위에 얹어놓게 해 보자. 어린이들은 아마도 높고 낮은 소리 또 다양한 발음까지도 구별할 수 있게 될 것이다. 한번 알게 되면 자기들끼리 서로 손을 대고 지각해 보려고 할 것이다.

• 형태 만져보기－우리는 어린이들과 함께 샌드페이퍼나 벨벳 종이를 원형, 사각형, 삼각형의 단순한 형태로 잘라 마분지에 붙인 후, 어린이들의 눈을 가리고, 그 형태들을 다시 인식할 수 있는지를 실험해 본다. 이 놀이는 손가락 촉감에 자신 없는 어린이들에게 좋은 연습이 될 수 있다. 우리가 연습의 난이도를 높이고자 한다면 같은 연습을 다양한 표면결의 샌드페이퍼로 해 보자. 그리고 서로 다르게 거친 표면을 가진 정사각형을 옆으로 대 놓고, 어린이들로 하여금 손가락에 집중을 하고 형태를 정확히 알아맞혀 보도록 한다.

놀이

• 노래 알아맞히기－어린이들이 잘 알고 있는 노래의 리듬을 등 위에다 두드려 보자. 어린이들은 어느 노래인지를 알아맞혀야 한다. 어린이들은 대답으로 그 노래를 부른다. 같은 놀이를 어린이들이 잘 알고 있는 시구를 가지고도 할 수 있다.

• 단추 분류하기－단추 분류하기는 어린이들에게 즐거운 놀이다. 유아교육기관에서는 여러 가지 다양한 단추가 들어 있는 상자를 갖추고 있어야 한다. 어린들로 하여금 눈을 감고 크기와 형태에 따라 단추를 분류하도록 해 보자.

5.3.3.2 접촉의 의미감각 – 감각 11

활동

못 박기는 좋은 연습이다

• 일상생활 – 신발을 신고 벗거나 끈을 매며 단추를 열고 잠그고, 지퍼를 올렸다 내리는 행동 등은 접촉에 있어서의 의미감각을 강화시키고, 그것을 통해 언어 발달에 기여를 하게 되는 행위들이다. 본래 어린이들은 이런 행동을 배우기 좋아한다. 그러나 어른들이 대신 해줌으로써 배울 기회가 종종 차단된다. 유아교육기관에서는 다음의 격언이 유효하다 : 작은 아이들은 배우고, 그 밖의 다른 사람들은 스스로 행한다. 일주일에 하루 정도는 옷 입기나 다른 유사한 행위를 눈을 감고 해 보도록 할 수 있다. 우리는 아마도 어린이들이 해본 후, 얼마나 자신을 자랑스러워하는지 그리고 안전감을 갖게 되는 모습을 보게 될 것이다.

• 사물과 도구 다루기 – 어린이들이 일상생활 속에서의 사물과 도구들을 그에 합당하게 다루는 법을 배우면, 그것은 접촉의 의미감각을 촉진하는 것이다. 잡고 다루는 것을 통해 어린이들은 사물과 그것의 의미를 알게 된다. 어린이들이 병이나 유리병 또는 기타 다른 병의 돌리는 뚜껑을 옳게 열고 닫을 수 있어야만 이 물건을 제대로 이해하게 되는 것이다. 여기에 사물들을 어린이들이 마음대로 사용할 수 있도록 제공하는 것과 우리가 있는 곳에서 사물 다루는 체험을 할 수 있는 것이 필요하다. 가위, 과일 자르는 날카로운 칼, 빵 바르는 칼, 바느질할 때 쓰는 바늘, 톱, 망치, 조각칼 또는

손 천공기 등의 도구에서도 역시 마찬가지다. 어린이들은 자신들의 촉감을 도구와 그 작동원칙에 온전히 들어가게 하고 적절하게 올바른 취급법을 습득했을 때, 도구들을 바르게 다루는 법을 배운다. 거기에는 보기의 운동감각, 의미감각과 같은 다른 감각 영역의 역할도 추가된다.

- 등 위에 그림 그리기 – 어린이들의 등 위에 처음에는 얼굴, 집, 의자 등의 단순한 것을 선으로 그려 본다. 나중에는 난이도를 높여볼 수 있다. 어린이들은 그림 지각하는 법을 빠르게 배우고 나서 자기들끼리 해 보게 될 것이다.

- 모양 만져보기 – 우리는 사포로 사물, 동물, 사람의 모양을 잘라(그림자극 놀이와 유사하게) 마분지 위에 붙이고 나서, 어린이들로 하여금 눈을 감고 만져보게 할 수 있다. 우리는 이런 방법으로 하나의 그림을 만들어 내게 하거나 촉감으로 이야기 하나를 설명해 보게 할 수 있다.

놀이

- 사물 알아내기 – 어린이들이 다양한 사물들을 잡고 다루는 법을 알고 나면 – 그래야만 의미가 있다 – 우리는 사물 알아내기 퀴즈놀이를 할 수 있다 : 몇 가지의 작은 사물들, 예를 들어 수저, 종, 그릇, 어린이 신발, 장난감 자동차 등을 바닥의 한 가운데에 놓고 커다란 보자기로 덮는다. 항상 한 명씩 어린이가 보자기 아래에 손을 넣고 물건을 잡아 만져보기를 통해 어떤 물건인지를 확인한다. 우리는 이 놀이를 처음에는 보자기 아래 숨겨진 물건들을 미리 보거나 만져보게까지 하여 쉽게 할 수 있다. 이 놀이를 어렵게 하려면 사물들을 발로만 만져보게 할 수도 있다. 어린이들과 함께 발로 만져보게 하는 놀이는 매우 권장할 만하다. 그것은 어린이들의 발에 있는 촉감을 촉진해 준다.

• 감각주머니 – 입구의 벽에 느낌주머니를 어린이들의 손에 닿을 수 있도록 매달아 둔다. 이 주머니 안에는 매일 아침 다른 물건이 들어 있다. 어린이들이 아침에 등원하면 손을 넣어 무엇이 들어 있는지 만져본다. 우리가 이것을 능숙하게 도입할 수 있다면, 어린이들은 매일 아침 만져보는 대상에 대하여 호기심을 갖게 되고 알아낸 것에 대하여 다른 아이들에게 누설하지는 않을 것이다.

• 소리 없는 편지 – 여기에서는 정말 고요해야 한다. 우리는 모두 원에서 같은 방향으로 앉아 등은 뒤의 어린이를 향하고 얼굴은 앞의 어린이를 향하게 한다. 우리는 우리 앞의 어린이 등에 하나의 형태를 그리고 이 어린이는 자기 앞의 다른 어린이의 등 위에 그리기를 계속 이어나간다. 마지막 어린이가 어느 형태인지에 대하여 말한다. 우리는 처음에 원이나 삼각형 같은 단순한 형태를 가지고 시작한다. 그리고 점점 그림을 어렵게 만들어 난이도를 높인다. 물론 어린이들도 시작 그림 그리기를 해도 된다.

5.3.3.3 접촉의 스타일감각 – 감각 12

이 장에서 우리는 접촉의 내밀함 때문에 차라리 놀이를 하지 않기로 한다.

6. 참고문헌

Arndt, Marga und Singer, Waltraud (Hrsg.) (2004). *Das ist der Daumen Knudeldick*. Fingerspiele und Rätsel. Ravensburger, Ravensburg.

Auer, Wolfgang-M. (2007). *Sinnes-Welten*. Die Sinne entwickeln, Wahrnehmung schulen, mit Freude lernen. Kösel, München.

Ayres, A. Jean (1992). *Bausteine kindlicher Entwicklung*. Springer, Berlin.

Diestel, Hedwig (1996). *Kindertag. Gedichte für Kinder*. Freies Geistesleben, Stuttgart.

Ekman, Paul (2004). *Gefühle lesen*. Elsevier, München.

Ellersiek, Wilma (2002). *Handgestenspiele, Reigen und Lieder für Kindergarten und erstes Schulalter. Frühjahr/Sommer*. Freies Geistesleben, Stuttgart.

Ellersiek, Wilma (2002). *Handgestenspiele, Reigen und Lieder für Kindergarten und erstes Schulalter. Herbst/Winter*. Freies Geistesleben, Stuttgart.

Eliot, Lise (2001). *Was geht da drinnen vor?* Die Gehirnentwicklung in den ersten fünf Lebensjahren, Berlin-Verlag, Berlin.

Friedl, Johanna und Nussbaum, Margret (2006). *Allererste Kinderspiele*. Otto Maier, Ravensburg.

Frorath, Günther (2006). *Die schönsten Fadenspiele*. Moses, Kempen.

Grunwald, Martin und Bezer, Lothar (Hrsg.) (2001). *Der bewegte Sinn*. Grundlagen und Anwendungen zur haptischen Wahrnehmung. Birkhäuser, Basel.

Hengstenberg, Elfriede (2002). *Entfaltungen*. Bilder und Schilderungen aus meiner Arbeit mit Kindern. Mit Kindern wachsen, Emmendingen.

Hirscher, Petra (2004). *Kinderfeste rund ums Jahr*. Knaur, München.

Hull, John M. (1992). *Im Dunkeln sehen. Erfahrungen eines Blinden*. C. H. Beck,

München.

Internationale Vereinigung der Waldorfkindergärten (Hrsg.) (2000). *Rhythmen und Reime*. Freies Geistesleben, Stuttgart.

Kiese-Himmel, Christiane (2001). *Sprachentwicklung und haptische Wahrnehmung*. In : Grunwald/Beyer (2001).

Lang, Thomas (1995). *Kinder brauchen Abenteuer*. Ernst Reinhardt, München.

Lusseyran, Jacques (1989). *Das Wiedergefundene Licht*. Die Lebensgeschichte eines Blinden im französischen Widerstand. dtv, München.

Molcho, Samy (1998). *Körpersprache der Kinder*. Goldmann, München.

Mescerjakov, Alexander (2001). *Helen Keller war nicht allein*. Volker Spiess, Berlin.

Montagu, Ashley (1995). *Körperkontakt*. Klett-Cotta, Stuttgart.

Pausewang, Elfriede (1996). *Die Unzertrennlichen*. Neue Fingerspiele. Don Bosco, München.

Sacks, Oliver (2001). *Stumme Stimmen*. Reise in die Welt der Gehörlosen. Rowohlt, Reinbek.

Saks, Oliver (2002). *Der Mann, der seine Frau mit einem Hut verwechselte*. Rowohlt, Reinbek.

Schäfer, Gerd E. (Hrsg.) (2003). *Bildung beginnt mit der Geburt*. Beltz, Weinheim.

Wendlandt, Wolfgang (2006). *Sprachstörungen im Kindesalter*. Thieme, Stuttgart.

Zimmer, Renate (2002). *Schafft die Stühle ab!* Herder, Freiburg.

Zimmer, Renate und Hunger, Ina (Hrsg.) (2001). *Kindheit in Bewegung*. Karl Hofmann, Schorndorf.

윤선영

독일 베를린대학교 교육학부에서 유아교육을 전문으로 학·석·박사 학위를 취득
현재) 건양대학교 아동보육학과 교수

주요 논문

『베를린 유아교육프로그램의 적용과 실천』(2013)
『발도르프유아교육기관에서 생활작업의 특성 및 교육적 효과에 대하여』(2011)
『PISA 이후 독일의 유아교육 개혁 동향 및 한국 유아교육에서의 시사점 분석』(2010)
『라이겐의 유아교육적 의미』(2008) 등
그외, 독일의 유아교육 실태와 발도르프교육 관련 다수의 논문

저서

『발도르프유아교육의 첫걸음』(2002)
『발도르프 리듬생활 만들기』(2004) 등

번역서

『발도르프유아교육기관에서의 놀이와 작업』(2000)
『우리 함께 놀자』(2008)

한국발도르프영유아교육학회 창립 학회장을 역임했으며, 현재 한독교육학회 회장으로 활동하고 있다.

감각을 깨우다 -현장을 위한 책-

초판 1쇄 발행 2013년 10월 21일
초판 2쇄 발행 2015년 10월 23일

지은이 | Wolfgang M. Auer
그 림 | Thilo Pustlauk
옮긴이 | 윤선영
펴낸이 | 김기섭
편집인 | 박연순
펴낸곳 | 창지사 www.changjisa.com
153-802 서울시 금천구 가산디지털 1로 83 파트너스타워1차 (9F, B1F)
전화 (02) 719-2211~3
팩스 (02) 701-9386
등 록 | 1977년 4월 28일 · 제1-421호

ISBN 978-89-426-1105-8 (93370)

값 11,000원